平成29年改訂
小学校教育課程実践講座

特別の教科 道徳

押谷 由夫 編著

ぎょうせい

はじめに

　新しい道徳教育が始まります。道徳教育新時代の幕開けです。文部科学省では,「特別の教科　道徳」の設置を中核とする道徳教育の抜本的改善・充実を図っています。一言で言えば,道徳教育の本質から捉え直し,全ての教育改革をリードしていけるようにしよう,ということです。実際,新学習指導要領が告示される2年前（平成27（2015）年3月）に道徳教育の改訂が行われています。

　文部科学省では,すでに『小学校学習指導要領解説　特別の教科　道徳編』を公表しています。

　本書は,それらに依拠しながら,ポイントになるところをより分かりやすく,より掘り下げ,学校現場で特に関心をもたれていることについてより具体的に記述しています。

　『小学校学習指導要領解説　特別の教科　道徳編』と併用して活用いただくことで,新しい道徳教育についての理解を深め,「特別の教科　道徳」を要とする道徳教育実践をより豊かに,より効果的に展開いただけると確信します。

　本書の編集においては,小学校と中学校の連携を重視し,実践部分以外は原則として共通しています。そのことによって,常に小学校と中学校の連携を考慮した道徳教育の理解と実践が推進されると考えるからです。また,実践事例は,新しい道徳教育に向けて全国をリードされている先生方にお願いしています。玉稿をお寄せいただきました執筆者の皆様に心より感謝申し上げます。本書が道徳教育新時代をリードする一翼を担えることを祈念します。

　道徳教育改革の成否を担うのは,特に日々子供たちと生活を共にしながら,心豊かな子供たちを育てる教育に全力で取り組んでおられる先生方です。最後に,メッセージを送らせていただきます。

道徳教育に夢を託せますか

道徳教育とは「かけがえのない私，どう生きる」
と，自らに問いかけ，追い求めること
つまり，自らの人生を切り拓いていくことなのです
どう切り拓いていくのか
人間の本質である道徳的価値意識を育みながら
未来に夢や希望を膨らませていくことです
では，問いかけます
その道徳教育を行っているあなた自身が
「これからの道徳教育に夢や希望を託せますか」
道徳教育は子供たちに夢や希望を育むものであるならば
そのことを行う教師や大人が
道徳教育そのものに夢や希望を託せなければ
効果的な指導はできません
いま，「特別の教科　道徳」が設置され
道徳教育新時代を迎えようとしています
教育は国家百年の計だと言われます
その中核に道徳教育があります
皆さんの夢や希望を託せる道徳教育にする絶好の機会です
子供たちの未来を拓くために
知恵を出し合い，協働しながら
これからの道徳教育を創り上げていこうではありませんか

　本書の出版，編集に関して大変お世話になった，株式会社ぎょうせい出版企画部の皆さんに心より御礼申し上げます。

編著者　押谷由夫

目　次

第1章　今なぜ道徳教育の抜本的改善・充実なのか

第1節　道徳教育の抜本的改善・充実の基本的押さえ……………3
Q 道徳教育の抜本的な改善・充実について，押さえておくべき基本的な事柄は何ですか。　3
1. 改正教育基本法の理念から——道徳教育が教育の中核——　3
2. いじめ問題をはじめとする問題行動への対応から——人間の本質からの対応が不可欠——　4
3. 急激に変化する社会への対応から——心豊かに主体的に生きる力の育成——　7
4. 科学技術創造社会が求める思考形態の課題から——科学的思考と道徳的思考の調和——　9
5. 新教育課程が求める教育改革から　10
6. これから求められる教師への対応から　12

第2節　「特別の教科　道徳」設置の経緯……………14
Q 道徳の教科化はどのような経緯で行われましたか。　14
1. 歴史的課題としての道徳の教科化　14
2. 「道徳教育の充実に関する懇談会」の「報告」　16
3. 中央教育審議会答申「道徳に係る教育課程の改善等について」　18
4. 「特別の教科　道徳」の指導方法・評価等について　19
5. 「主体的・対話的で深い学び」と「特別の教科　道徳」　20
6. 「特別の教科　道徳」設置の歴史的意義　21

第3節 これから求められる資質・能力と道徳教育改革 ……………23
Q 道徳教育で育成を目指す資質・能力とはどのようなものですか。 23
 1 よりよい社会と幸福な人生の創り手となる力 23
 2 育成すべき資質・能力と道徳教育 25
 3 道徳科で育成を目指す資質・能力と学習活動 28
 4 道徳教育改革を実現する視点 31

第2章 「特別の教科 道徳」の学習指導要領を読み解く

第1節 目標を読み解く ……………………………………………34
Q 道徳教育の目標,「特別の教科 道徳」の目標をどのように捉えればよいですか。 34
 1 道徳教育の目標 34
 2 「特別の教科 道徳」の目標 37
 3 多面的・多角的に考えるとはどういうことか 40
 4 道徳の時間と「特別の教科 道徳」は何が同じで何が違うのか 41
 5 道徳教育全体と「特別の教科 道徳」との関係 42

第2節 内容を読み解く ……………………………………………44
Q 「特別の教科 道徳」における四つの視点の内容とそれぞれのポイントを教えてください。 44
 1 内容の基本的な押さえ 44
 2 各視点の内容と指導のポイント 51

第3節 評価を読み解く ……………………………………………59
Q 「特別の教科 道徳」における評価のポイントを教えてください。 59
 1 評価観の180度の転換 59

2　子供自身の自己評価，自己指導の一体化　60
　　3　具体的にどのように評価に取り組めばよいのか　61

第3章　考え，対話する「特別の教科　道徳」の学習指導のポイントを読み解く

第1節　「内容の指導における配慮事項」を読み解く……66
Q 指導体制の充実，道徳科の特質を生かした指導，児童が主体的に道徳性を育むための指導などを進めるに当たり配慮すべきポイントを教えてください。　66

第2節　道徳教育推進教師に特に期待される取組……74
Q 道徳教育推進教師の役割や期待される校内での取組について教えてください。　74
　　1　研修計画の作成　75
　　2　道徳教育が学校全体で取り組まれるための提案を行う　76

第3節　学習指導要領が期待する「特別の教科　道徳」の学習指導過程を読み解く……80
Q 「特別の教科　道徳」の特質を生かした学習指導過程の工夫とは具体的にどのようなものですか。ポイントを教えてください。　80
　　1　「特別の教科　道徳」の授業を充実させるための基本的押さえ　81
　　2　「特別の教科　道徳」の教科書の活用　82
　　3　多様な学習指導過程を組み立てる基本　84

第4節　学習指導要領が求める「特別の教科　道徳」の授業づくりを読み解く……87
Q 「特別の教科　道徳」の授業づくりの基本と構想のポイントを教えてください。　87
　　1　小学生の発達段階に応じた指導のポイント　88

2　自我関与を重視した授業　91
　　3　問題解決を重視した授業　93
　　4　道徳的行為に関する体験的な学習を重視した授業　96

第5節　総合単元的道徳（総合道徳）学習を工夫する……………98
Q　総合単元的道徳学習のポイントについて教えてください。　98
　　1　基本的な押さえ　98
　　2　どのように計画するのか　100

第4章　学習指導要領が目指す新しい「特別の教科　道徳」の授業【事例】

第1節　自我関与を重視した授業づくり……………………………104
　　1　低学年：B-(8)　礼儀［すごいね，あいさつパワー］　104
　　2　中学年：A-(2)　正直，誠実［自分に正直］　108
　　3　高学年：B-(11)　相互理解，寛容［広い心をもち，違いを豊かさに］　112

第2節　問題解決を重視した授業づくり……………………………117
　　1　低学年：B-(6)　親切，思いやり　117
　　2　中学年：B-(9)　友情，信頼　122
　　3　高学年：C-(13)　公正，公平，社会正義　126

第3節　道徳的行為に関する体験的な学習を重視した授業づくり…131
　　1　低学年：B-(6)　親切，思いやり［「親切っていいな」（1年生と6年生のジョイント授業）］　131
　　2　中学年：B-(10)　相互理解，寛容［許し合う心（小集団の活用）］　135
　　3　高学年：B-(11)　相互理解，寛容［分かり合う心（体験的な学習の場づくりの工夫）］　139

第4節　教科等横断型の総合単元的授業づくり……………………144

1　低学年：D-⑰　生命の尊さ［生命尊重の心を育むために〜生活科と関連させて〜］　144
　　2　中学年：B-⑼　友情，信頼［友達と助け合う心を育むために〜体育，学級活動等との関連〜］　150
　　3　高学年：B-⑺　親切，思いやり［共に生きる心について考えよう〜特活，総合等との関連〜］　156
第5節　プロジェクト型道徳学習を創る……………………………………162
　　1　総合単元的道徳学習の工夫　162
　　2　人物を取り上げ学級経営と関わらせる道徳学習　173
　　3　郷土愛を育む道徳学習──出会い・つながりを大切にすること・"我が町"を誇りに思うこと──　179
　　4　道徳の授業を通して地域の学校との連携を図る──幼小中連携のカリキュラム作成と道徳の授業を通して──　189
第6節　新学習指導要領を反映した「特別の教科　道徳」の授業研究を工夫する………………………………………………………………196
　●事例1　授業研究の視点の明確化　196
　●事例2　自分が好き，友達が好き，舟入が好きな児童の育成　203

第5章　道徳教育の全体計画（スクール・マネジメント），年間指導計画（カリキュラム・マネジメント）の改善・充実

第1節　道徳教育の全体計画がなぜ必要なのか……………………………210
　Q　学校教育全体における道徳教育の位置付けと，道徳教育の全体計画の必要性について教えてください。　210
第2節　道徳教育の全体計画のポイント……………………………………211
　Q　道徳教育の全体計画において求められるのは，どのようなことですか。　211
第3節　「特別の教科　道徳」の年間指導計画のポイントを読み解く‥219

- Q 道徳の教科書と学校の年間指導計画とは，どのように捉えればよいのですか。 219
- Q 「特別の教科 道徳」の年間指導計画において求められるものはどのようなことですか。 220

第4節　学級における道徳教育の指導計画の作成のポイント ……… 222
- Q 学級における道徳教育の指導計画の意義とポイントを教えてください。 222

資料：小学校学習指導要領（平成29年3月）〔抜粋〕 223
編者・執筆者一覧

第1章

今なぜ道徳教育の
抜本的改善・充実なのか

新しい道徳教育が始まります。道徳教育は，学習指導要領の改訂のたびに強調されてきました。今回は，抜本的改善・充実をキャッチフレーズに，全体的な学習指導要領の改訂に先立ち，充実が図られています。それはどういうことなのか。基本的な押さえと「特別の教科 道徳」設置の経緯，これから求められる資質・能力と道徳教育改革にポイントを絞って述べてみます。

第1節 道徳教育の抜本的改善・充実の基本的押さえ

Q 道徳教育の抜本的な改善・充実について，押さえておくべき基本的な事柄は何ですか。

今回の道徳教育の抜本的改善・充実に関する基本的押さえとして，次の6点を指摘できます。

1 改正教育基本法の理念から――道徳教育が教育の中核――

我が国の教育は，日本国憲法に示す「崇高な理想」の実現を目指す国民の育成を目指して行われてきました。一言で言えば「世界の平和と人類の福祉に貢献する国民の育成」です。そのための基本的教育方針が教育基本法に示されています。

教育基本法は，昭和22（1947）年に制定されましたが，平成18（2006）年12月に59年ぶりに改正されました。平成20（2008）年に改訂された学習指導要領は，改訂の基本方針の第1に「改正教育基本法の理念の実現」を挙げています。平成29（2017）年3月に告示された新学習指導要領は，20年版の成果を分析し「改正教育基本法の理念」を実現するための一層の改善が図られています。

道徳教育は，その2年前の平成27（2015）年3月に道徳教育の抜本的改善・充実の切り札として「特別の教科　道徳」が設置されました。

どうして，道徳教育改革が先行したのでしょうか。その要因は，改正教育基本法そのものにあります。

改正教育基本法で、改めて強調されているのが人格の形成です。第1条（教育の目的）で、日本の教育の目的は、人格の完成を目指すことを再確認すると共に、第3条（生涯学習の理念）で、より具体的に「国民一人一人が、自己の人格を磨き、豊かな人生を送ることができるよう」にすることだと記されています。つまり、人格の完成を目指す教育とは、国民一人一人が人格を磨き続けることを通して豊かな人生を送ることができるようにすることなのです。豊かな人生とは、幸福な人生であり、生きがいのある人生に他なりません。

 そして、人格を育てる教育の具体については、第2条（教育の目標）に五つ明記されています。一号では、知・徳・体を調和的に養っていくことが示されており、二〜五号においては、生き方の根本に関わる道徳的価値意識の育成が記されています。このことは、人格の基盤に道徳性の育成があることを明確にしていると捉えられます。

 つまり、人格の完成を目指した教育とは、道徳教育を根幹に据えた教育であり、徳の育成を中心としながら知や体を育んでいく教育なのです。そのための改革が、道徳教育の抜本的改革・充実であり、その切り札として、道徳の教科化が提案されたと捉えることができるのです。

徳…人間としてよりよく生きる力
知…知識、技能（思考力、判断力、表現力、知恵、真理愛）
体…健康、体力（生涯スポーツ、健康コミュニティ）

図1　知，徳，体の関係

2　いじめ問題をはじめとする問題行動への対応から
　　——人間の本質からの対応が不可欠——

 今回の道徳の教科化に関する提案は、第2次安倍晋三内閣の諮問機関である「教育再生実行会議」からありました（詳しくは第2節）。第1次提言においていじめ対策の第1の方針として道徳教育の充実が

挙げられました。その具体策として道徳の教科化が提言されました。つまり，今日多発化・深刻化する青少年の問題行動の根幹に道徳性の低下を指摘しているのです。

　いじめはどうして起こるのか。突き詰めれば，人間の特質である価値志向の生き方ができることにあると言えます。よりよく生きようとする心があるために，うまく伸ばせられない自分にイライラしたり，他人と比較して劣等感をもったり，妬んだりするのです。そのイライラ感や不満にどのように対処すればいいのでしょうか。

　今日の子供たちは，社会の発達によって便利な生活ができるようになっています。耐えることや協力することを生活の中から身に付けることはほとんどできなくなりました。そして自分中心の生活や行動を自然と身に付けてきています。

　そのような子供たちに，人間として生きるとはどういうことか，人間にはよりよく生きようとする強くて美しい心があるが，その心は同時に，弱さやもろさ，醜さまでももっていること，そのことを乗り越えることによって，よりよく生きていけるし，よりよい社会を創っていけるということを，しっかりと学べるようにしていかなければなりません。対症療法的な対応では，また別の形で問題行動を広げていくことにもなりかねません。いじめをはじめとする子供たちの問題行動は，人間の本質的課題を包含しているのであり，その対策において道徳教育が根幹となるということです（図2）。

　いじめ等の問題行動に対しては，図のような対応が求められます。まず，子供たちへの教育的対応です。具体的には，なぜ，このようなことが起こるのかについて本質的追究が必要です。それは，必然的に人間理解へと進む道徳的価値の理解を深めていくことになります。道徳教育が根幹に位置付きます。

　そのことを通して，人間として生きるとはどういうことか，どういうことを守らなければならないかも自覚できるようにしていくのです。

そのことを押さえながら，どういう状況で，どういういじめが行われているのかについて，詳しく見ていく必要があります。そのことを通して，また人間理解を深めていくことになります。

　また，同時に，そのいじめを解決するためには，どうすればよいのかについての学びが必要です。方法知に関する学びは，単なる処方箋を考えるのではなく，当事者のことや具体的内容をしっかり押さえて，人間としてどうすることが求められるのかという視点から深めていく必要があります。

　それらを総合させながら，具体的な対策を考え，取り組んでいくのです。

　でも，うまくいくとは限りません。うまくいかない場合は，そこからまた改善策を考えます。そのようなことを通して，子供たちが一体となって対応を考え，取り組んでいくようにする必要があります。

　そして，もう一方からの対応も不可欠です。学校としての組織的対応です。具体的には，家庭への働きかけです。時には民生委員など地域住民の協力を得ることも必要になります。また地域ぐるみで，住みよい快適なまちづくりを推進することに合わせて，いじめのない社会を創るといったことで協力いただくこともできます。

　さらに，「チーム学校」で言われているように，専門機関や専門家の協力を得られるように，総力を挙げて対策を考え実行していく必要があります。

　そして，教育的取組と組織的取組を響き合わせていくのです。それは，まさに道徳教育を中心とした学校づくりでもあります。

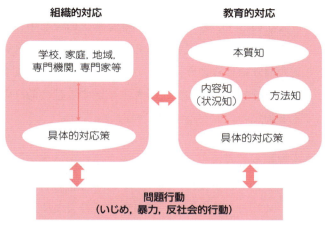

図2　問題行動への対応

3　急激に変化する社会への対応から
―― 心豊かに主体的に生きる力の育成 ――

(1)　よりよく生きる向上心が不可欠

　これからの学校教育には，社会の急激な変化と，次々に起こる事象に主体的に対応する力が求められます。そのためには，常に向上心が必要です。社会の変化に興味をもち，未来の状態を描きながら今を意欲的に生きられる心を育てなければいけません。それは，当然に学習意欲や日常生活における生活の仕方に影響していきます。

　学校教育に次々に求められる課題のほとんどは，これからの未曾有の社会変化が起こる中で，いかに生きるかに関わるものです。それらをバラバラに取り組むのではなく，これからの社会をいかに生きるかを道徳的価値意識の形成と関わらせて学ぶ道徳教育を根幹に据えていく対応が求められます。

(2)　直面する社会的課題への主体的対応

　また，東日本大震災や熊本地震等からの復興，東京オリンピック・パラリンピックへの対応等，我が国が抱える国家的課題への対応にお

いても，日本国憲法の「崇高な理想」の実現を目指す国民を育てる道徳教育が不可欠なのです。未来予測が困難な変化の激しい社会になればなるほど，当面する社会的課題に対して，正面から向き合い，主体的対応を考え，取り組めるようにしていくことが求められます。しっかりとした心（道徳的価値意識）をもち，直面する社会的課題に主体的に対応できる国民の育成が不可欠です。

(3) 共生社会の実現

急激な社会変化をもたらすのは驚異的な科学技術の進歩です。これからの社会はますます科学技術が進歩し，次々と新しいものが開発されていきます。スピード社会とは，速さを競う社会です。そのことによって，私たちの生活は便利になっていきます。欲しいものは，すぐに手に入ります。世界の人々とも，瞬時に交わることができます。そこで大切なのが，共生社会の実現です。

経済力の高い国が財力を投入して高度な科学技術を利用して様々な商品を開発していきます。そして生活に革新をもたらします。するとますます国家間の格差が生じます。科学技術の進歩は世界全体の生活力を向上させますが，同時に，永遠に格差を生んでいきます。その格差を埋めていくことが世界的な課題になっていきます。

科学技術の進歩は，新しいものに価値を置きます。古いものは，忘れ去られていきます。それでは文化や伝統はなくなっていきます。人間の精神文化の象徴である文化や伝統と科学技術の進歩との共生を図る必要があります。

また，科学技術の進歩によって，人間の寿命も延びていきます。国全体から見れば4世代が一緒に生活しなければなりません。そこにも新しい世代間共生の課題が出てきます。

さらに，科学技術の進歩による環境破壊も生じてきます。いかに自然と共生していくかも大きな課題となります。

(4) 心のゆとり・心のケアの確保

　これらの根底にある変化の激しい社会の大きな弊害は、精神的圧迫感を常にもたらされることです。立ち止まって考える時間をなくしていきます。落ち着かず、イライラしてきます。ストレスに負けて、逆に無気力になっていきます。

　人間には、自然治癒力があります。少々の傷も、自然と治っていきます。イライラしていても、しばらくすると落ち着いてきます。しかし、今のスピードは、自然治癒力をも奪っていきます。治らないうちに、また傷が増えていきます。心が落ち着かない間に、またストレスが襲いかかってきます。

　忙しいとは心（立心偏）を亡くすと書きます。変化の激しい社会にいると、相手の立場からではなく、自分中心にしか考えられなくなります。しかも、その場を乗り切ることだけに汲々としてしまいます。

　その対処法はどうすればよいのでしょう。「心にゆとり」をもつことが何より大切です。どんなに忙しくとも、相手と自分への信頼感と夢や希望を失わないこと。どんなときにも、相手のことを考えるようにすること。常に、自分を見つめること。これらは、道徳教育の基本です。そして、そのことが、温かな心の交流と健全な道徳的価値意識の共有を可能にし、心のケア、心の癒しの基盤にもなっていきます。

　このように、変化の激しい社会であればあるほど、科学技術の発達する社会であればあるほど、道徳教育が求められるのです。

4　科学技術創造社会が求める思考形態の課題から
　　——科学的思考と道徳的思考の調和——

　科学技術の進歩に関する対応については、その根底に大きな教育的課題があります。それは思考経路の問題です。日々の思考の経路が、結局は人間の価値観や生き方をも支配していきます。我が国が標榜する科学技術創造社会は、科学的思考を求めます。科学的思考の特徴

は，大きく次の三つを挙げることができます。客観的精神（客観性），批判的精神（批判性），緻密な精神（厳密性）です。

しかし，科学主義が徹底すると，客観的な事実しか学びの対象としなくなり，見えにくいもの，客観的に数量で表しにくいものは，除外されていく傾向があります。さらに，批判的精神を徹底させれば，何を信じてよいか分からなくなり，結局価値相対主義に陥ります。

表1　科学的思考と道徳的思考の主な特徴

科学的思考の特徴	道徳的思考の特徴
・客観性の重視（冷徹な心）	・主観性の重視（温かい心）
・批判的精神の重視（疑う心）	・受容的精神の重視（信じる心）
・厳密性の重視（厳格な心）	・寛容性の重視（許容する心）

人間存在を考えた場合，ファジーさは常について回ります。さらに，信じるという世界も同時に確保していかない限り，主体的に生きていくことはできません。客観的に見る目と同時に，主観的に感性豊かに物事を見るという姿勢，批判的精神と同時に物事を素直に受けとめ信頼感を確立していくという側面は，不可欠です。豊かな人間形成を図るためには，むしろ後者の側面を重視しながら前者の側面を発展させていくという捉え方が大切です。そのような教育の基調の変革が求められます。

5　新教育課程が求める教育改革から

新学習指導要領は，平成29（2017）年3月に告示されました。道徳教育改革は，その2年前の平成27（2015）年3月に告示された学習指導要領一部改訂によって，「特別の教科　道徳」が設置され，新学習指導要領を先導する形で，改革が進められています。新学習指導要領によるこれからの教育改革に果たす道徳教育の役割という視点から見ていきます。

まず，これからの子供たちに求められる資質・能力を「三つの柱」で述べています。第1は，「個別の知識及び技能」，第2は，「思考力，判断力，表現力等」，第3は，「学びに向かう力，人間性等」です。第3の「学びに向かう力」とは，学びの目標を追い求めようとする力です。学びの目標は，人格の完成であり，幸せを求めよりよい自分と社会を創っていくことです。

　資質・能力の「三つの柱」を基に，求められる人間像を考えると，「知識及び技能」をしっかり身に付けるとともに，それを応用して様々な課題に正対し乗り越えるための「思考力，判断力，表現力等」を養い，自らのよりよい生き方とよりよい社会を実現しようと取り組む人間，ということになります。これらの「三つの柱」は，「特別の教科　道徳」以外の全部の各教科等の目標において，各教科等の特質に応じて示されています。つまり，各教科等の学習が，よりよい自己の生き方やよりよい社会の創造へと向かわせるようにするということです。各教科等における道徳教育が明確に示されたと捉えることができます。

　また，そのような学びを実現するために，アクティブ・ラーニングが提唱されています。子供たちの学ぶ姿そのものが，アクティブ・ラーニングです。三つの資質・能力を統合する形で言えば，モラル・アクティブ・ラーニングということになります。

　さらに，新学習指導要領では，「社会に開かれた教育課程」「カリキュラム・マネジメント」「チーム学校」が強調されています。「社会に開かれた教育課程」とは，社会の変化に対応し，よりよい社会を創っていくという目標を社会と共有し，社会とつながりをもたせて教育課程を組んでいくことであるとされます。「カリキュラム・マネジメント」とは，教科等の横断的指導の工夫やPDCAを確立した取組，外部の資源を活用するなどして効果を上げていくことであるとされます。また，「チーム学校」とは，専門性に基づくチーム体制の構築や

学校のマネジメント機能の強化、環境整備などを行うこととされます。

　これらは、これからの社会を主体的に生きる子供たちにしっかりとした資質・能力（三つの柱）を育てるために求められる学校の教育課程編成上の工夫と捉えられます。と同時に、どんな子供を育てるかと大いに関わっています。つまり、子供自身が「社会に開かれた学び」「社会的課題への正対」「様々な協力体制」を考慮して、自らの「学びの地図」を計画し、様々な人々の協力や援助を得て追い求めていけるようにするということです。

　このことと関わらせて、自分の学びを記録し、自己評価、自己指導ができる道徳ノートが求められるのです。

新教育課程のポイント

1. 三つの資質・能力の育成
   （知識・技能、思考力・判断力・表現力、学びに向かう力・人間性等）
2. 主体的・対話的で深い学び
   （アクティブ・ラーニング）
3. カリキュラム・マネジメント
   （社会に開かれた教育課程）
4. チーム学校
   （地域や専門機関と連携し学校課題に取り組む）

道徳教育のポイント

1. 人格の基盤となる道徳性の育成
   （モラル・アクティブ・ラーナー）
2. 「特別の教科　道徳」が要の役割
3. 考え、議論（対話）する道徳
4. 子供たちのよさを伸ばす教育
   （よさを評価し励ます）
5. 学校教育の中核としての道徳教育
   （カリキュラム・マネジメント）
6. 社会的・個人的課題への主体的対応
   （総合道徳）
7. 学校、家庭、地域連携
   （チーム学校）

図3　新教育課程をリードする道徳教育

6　これから求められる教師への対応から

　最後に押さえておきたいのが、これからの教師の在り方からの道徳教育の必要性です。道徳教育は、子供だけの課題ではありません。生きている限り、全ての人間の課題なのです。そういう認識をもって子供たちに関わるときに、共に生きるという視点からお互いを助け合うことができます。これからの変化の激しい、科学技術の進歩が著しい

時代における教師の在り方を、もう一度このような視点から見直す必要があります。

つまり、教師の子供との関係は、「教える―教えられる」の関係を超えて、共に学び合い、よりよい自分とよりよい社会の創造を目指して協力し合う、という視点で捉える必要があるということです。それはまさに、教師自身の道徳教育ということになります（図4）。

まず、教師は同じ人間として子供たちと接しなければなりません。そこに共感が相互に生まれます。そして、教師は教師Ⅱの立場から子供たちを指導します。本当の指導が成り立つには、教師の感化力と子供たちの教師に対する尊敬の念が必要です。そのためには、教師も子供も共によりよい自分や社会の創造を目指して生きるという姿勢が不可欠なのです。

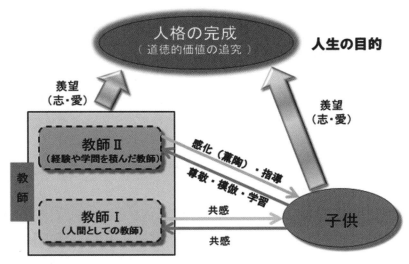

図4　教師自身の生き方の確立

第2節
「特別の教科　道徳」設置の経緯

Q 道徳の教科化はどのような経緯で行われましたか。

1　歴史的課題としての道徳の教科化

　平成27（2015）年3月27日に学校教育法施行規則及び学習指導要領が一部改訂され，従来の「道徳の時間」は，法規上においては「特別の教科である道徳」と改められました。これによって，道徳の教科化が正式に決定し，小学校は平成30（2018）年度，中学校では平成31（2019）年度から全面実施され，検定教科書も使用されることとなります。

　「特別の教科　道徳」設置の直接の契機は，第2次安倍内閣のもとで平成25（2013）年1月に設置された教育再生実行会議の提言です。教育再生実行会議が，同年2月26日に発表した「いじめ問題等への対応について（第一次提言）」は，「現在行われている道徳教育は，指導内容や指導方法に関し，学校や教員によって充実度に差があり，所期の目的が十分に果たされていない状況」にあると指摘しました。そして，「道徳の教材を抜本的に充実するとともに，道徳の特性を踏まえた新たな枠組みにより教科化し，指導内容を充実し，効果的な指導方法を明確化する」ことを提言しました。

　しかし，道徳の教科化をめぐる論議は，この「第一次提言」によっ

て初めて政策課題となったわけではありません。歴史を遡れば、昭和25（1950）年に第3次吉田内閣の文部大臣であった天野貞祐が提起した、いわゆる「修身科」復活問題が、戦後教育における道徳の教科化議論の端緒となりました。また、昭和33（1958）年の「道徳の時間」は、当初は教科としての設置を意図したものでした。

平成12（2000）年12月22日に教育改革国民会議が発表した「教育を変える17の提案」は、「学校は道徳を教えることをためらわない」として、「学校は、子どもの社会的自立を促す場であり、社会性の育成を重視し、自由と規律のバランスの回復を図ることが重要である。また、善悪をわきまえる感覚が、常に知育に優先して存在することを忘れてはならない」と述べました。そして、小学校に「道徳」、中学校に「人間科」、高校に「人生科」などの教科を設け、「専門の教師や人生経験豊かな社会人が教えられるようにする。そこでは、死とは何か、生とは何かを含め、人間として生きていく上での基本の型を教え、自らの人生を切り拓く高い精神と志を持たせる」とし、道徳の教科化を提言しました。

教育改革国民会議の具体的な提言は、その後の教育再生会議にも引き継がれました。教育再生会議は、平成19（2007）年の「第二次報告」において、「いじめや犯罪の低年齢化など子供を取り巻く現状を踏まえると、全ての子供たちが社会の規範意識や公共心を身につけ、心と体の調和の取れた人間になることが重要」とした上で、徳育を教科化し、指導内容、教材を充実させるべきことを強く求めました。

結果として、教育改革国民会議と教育再生会議の提言は、いずれも中央教育審議会での審議を経る中で実現するには至りませんでした。しかし、教育再生実行会議の提言がこうした議論の延長線上にあったことは明らかです。

以上のように、昭和20（1945）年8月の敗戦を契機とした戦後教育改革の過程で修身科が廃止されて以降、道徳の教科化は戦後教育史に

おける一貫した課題でした。しかも，それは道徳教育をめぐる論議の結節点でもありました。歴史的な観点から言えば，「特別の教科　道徳」の設置は，戦後教育史に通底した道徳の教科化議論に一応の結論を出したものと言うことができます。

2　「道徳教育の充実に関する懇談会」の「報告」

　教育再生実行会議の「第一次提言」を受けて，平成25（2013）年3月に文部科学省に設置された「道徳教育の充実に関する懇談会」（以下，懇談会）は，合計10回の審議を行い，同年12月に「今後の道徳教育の改善・充実方策について（報告）～新しい時代を，人としてより良く生きる力を育てるために～」（以下，「報告」）をまとめました。

　「報告」はまず，道徳教育には，体系的な指導によって道徳的な価値に関わる知識・技能を学び教養を身に付けるという従来の「教科」に共通する側面と同時に，自ら考え，道徳的行為を行うことができるようになるという人格全体に関わる力を育成するという側面をもっていると整理しました。その上で「報告」は，その二つの側面からより総合的に道徳教育の充実を図ることが今後の課題であるとしながら，「道徳の時間」を道徳科として設置することを提言しました。

　学校教育法施行規則や学習指導要領において道徳を教科として位置付けることによって，その目標・内容をより構造的で明確なものとする，それと同時に，学校の教育活動全体を通じて行う道徳教育の要としての性格を強化し，各教科等における指導との役割分担や連携の在り方等を改善することが期待できる，というのが「報告」の意図であり結論でした。

　また「報告」は，「道徳教育は自立した一人の人間として人生を他者とともにより良く生きる人格の形成を目指すもの」であるとした上で，教育活動の根本に道徳教育が据えられるべきであるとしました。

しかし,「報告」は,現在の学校には道徳教育の理念の共有や教師の指導力など多くの面で課題があり,本来の道徳教育の「期待される姿には遠い状況にある」と述べるとともに,社会の中に道徳教育に対する「アレルギーともいうような不信感や先入観が存在しており,そのことが道徳教育軽視の根源にある」と指摘しました。具体的に「報告」には,「道徳教育の目指す理念が関係者に共有されていない」「教員の指導力が十分でなく,道徳の時間に何を学んだかが印象に残るものになっていない」「他教科に比べて軽んじられ,道徳の時間が,実際には他の教科に振り替えられていることもある」などの懇談会での意見も盛り込まれました。

今後の社会においては,道徳教育は人間教育の普遍的で中核的な構成要素であるとともに,その充実は今後の時代を生き抜く力を一人一人に育成する上での緊急な課題です。こうした道徳教育の現状を改善し,現行の「道徳の時間」が学校の教育活動全体で行う道徳教育の「要」としての役割を果たすためには,教科化による制度的な変革が必要となるというのが「報告」の基本的な立場でした。

言うまでもなくここには,グローバル化や情報通信技術の進展などに対応するためにも,「一人一人が自らの価値観を形成し,人生を充実させるとともに,国家・社会の持続可能な発展を実現していくこと」が必要であり,そのためには,「絶え間なく生じる新たな課題に向き合い,自分の頭でしっかりと考え,また他者と協働しながら,より良い解決策を生み出していく力」を育成することが不可欠である,という理解が前提となっています。

つまり「報告」は,これまでの道徳教育に対する「アレルギー」を払拭し,人間としての在り方に関する根源的な理解を深めながら,社会性や規範意識,善悪を判断する力,思いやりや弱者へのいたわりなどの前提となる「人間として踏まえるべき倫理観や道徳性」を育成することを強く求めたのです。特に「報告」は,「特別の教科　道徳」

においても引き続き学級担任が授業を行うことを原則とするとはしましたが，道徳教育に優れた指導力を有する教員を「道徳教育推進リーダー教師」（仮称）として加配配置し，地域単位で道徳教育を充実させることを求めました。

さらに，「報告」は，①管理職・教員の意識改革や資質・能力の向上を図るための研修，②教育委員会担当者や道徳教育推進教師等に対する研修の充実，③授業改善のための校内研修の充実，④検定教科書，指導法，学校における指導体制，学校と家庭や地域との連携，などについて具体的な提言を行いました。

3　中央教育審議会答申「道徳に係る教育課程の改善等について」

教育再生実行会議や懇談会の報告を踏まえ，中央教育審議会は平成26（2014）年3月4日に教育課程部会に道徳教育専門部会を設置して具体的な審議を進め，その内容は同年10月21日の中央教育審議会答申「道徳に係る教育課程の改善等について」（以下，「答申」）によって具体化されました。

「答申」は，道徳教育の充実を図るためには，「道徳の時間」を「特別の教科　道徳」として新たに位置付け，「その目標，内容，教材や評価，指導体制の在り方等を見直すとともに，『特別の教科　道徳』（仮称）を要として道徳教育の趣旨を踏まえた効果的な指導を学校の教育活動全体を通じてより確実に展開することができるよう，教育課程を改善することが必要と考える」としました。

また「答申」は，「特別の教科　道徳」が，「道徳性の育成」を目標として，道徳的価値の理解を基軸としながら，①自己を見つめ，物事を多面的・多角的に考えることで，自己の生き方や人間としての生き方についての考えを深める学習の必要性，②検定教科書の導入と問題解決的な学習や体験的な学習を取り入れた多様で効果的な指導法の改

善，を提言しました。

さらに，「特別の教科　道徳」の評価については，児童生徒の一人一人のよさを認め伸ばし，道徳性に係る成長を促す評価となるように配慮する必要があると提言しました。そして，児童生徒の道徳性を多面的，継続的に把握し，総合的に評価していくことや，成長を見守り，努力を認め励まし，さらに意欲的に取り組めるような評価となることが望ましいとしました。

4　「特別の教科　道徳」の指導方法・評価等について

文部科学省は，中央教育審議会「答申」の内容をさらに具体的に検討するために，「道徳教育に係る評価等の在り方に関する専門家会議」を設置して検討を進めました。同会議は，平成28（2016）年7月22日に「『特別の教科　道徳』の指導方法・評価等について（報告）」を公表しました。

ここでは，「質の高い多様な指導方法」として，①読み物教材の登場人物への自我関与が中心の学習，②問題解決的な学習，③道徳的行為に関する体験的な学習，の三つを示しました。ただし，これらの指導方法は，それぞれが独立した「型」を示したわけではなく，様々な展開が考えられるとされました。そして，指導に当たって重要なことは，「学習指導要領の趣旨をしっかりと把握し，指導する教師一人一人が，学校の実態や児童生徒の実態を踏まえて，授業の主題やねらいに応じた適切な工夫改良を加えながら適切な指導方法を選択することが求められる」と明記しました。

また，評価については，児童生徒のよい点を褒めたり，さらなる改善が望まれる点を指摘するなど，児童生徒の発達の段階に応じ励ましていく「個人内評価」を記述式で行うこととされました。そして，「特別の教科　道徳」で行われる評価は，「学習状況や道徳性に係る成

長の様子」であり,その際には,①他者の考え方や議論に触れ,自律的に思考する中で,一面的な見方から多面的・多角的な見方へと発展しているか,②多面的・多角的な思考の中で,道徳的価値の理解を自分自身との関わりの中で深めているか,が重要であると明記されました。

5 「主体的・対話的で深い学び」と「特別の教科 道徳」

平成28(2016)年12月21日の中央教育審議会答申「幼稚園,小学校,中学校,高等学校及び特別支援学校の学習指導要領等の改善及び必要な方策等について」(以下,「答申」)は,「これからの時代においては,社会を構成する主体である一人一人が,高い倫理観をもち,人間としての生き方や社会の在り方について,多様な価値観の存在を認識しつつ,自ら考え,他者と対話し協働しながら,よりよい方向を模索し続けるために必要な資質・能力を備えることが求められている。子供たちのこうした資質・能力を育成するために,道徳教育はますます重要になっている」としました。

その上で「答申」は,道徳科設置の意図について「多様な価値観の,時には対立がある場合を含めて,誠実にそれらの価値に向き合い,道徳としての問題を考え続ける姿勢こそ道徳教育で養うべき基本的資質であるという認識に立ち,発達の段階に応じ,答えが一つではない道徳的な課題を一人一人の児童生徒が自分自身の問題と捉え,向き合う『考え,議論する道徳』へと転換を図るものである」と明記しました。

また,「答申」では社会で働く知識や力を育むために,子供たちが「何を学ぶか」という視点に加えて,「どのように学ぶか」という学びの過程に着目してその質を高めることを求めています。ここで言う「どのように学ぶか」の鍵となるのが子供たちの「主体的・対話的で

深い学び」をいかに実現するかという学習指導改善の視点です。

　各教科・領域においては，それぞれの教育活動や教育課程全体で育成しようとする資質・能力とは何かという点を視野に入れた取組が求められますが，それは道徳科においても同様です。道徳科においては，他者と共によりよく生きるための基盤となる道徳性を育むために，答えが一つではない道徳的な課題を一人一人の児童生徒が自分自身の問題として捉え，向き合う「考え，議論する道徳」を実現することが，「主体的・対話的で深い学び」を実現することであると整理されています。

　以上を踏まえ，平成29（2017）年6月には，小・中学校の『学習指導要領解説』がそれぞれ発表され，「特別の教科　道徳」の目的と内容が示されました。

6　「特別の教科　道徳」設置の歴史的意義

　「特別の教科　道徳」の設置は，道徳授業の「形骸化」を克服するという制度的な意味と同時に，道徳教育を政治的なイデオロギー対立から解き放ち，いわゆる「道徳教育アレルギー」を払拭しようとする歴史的な意味があったと言えます。

　戦後教育史においては，戦前の教育に対する拒否感のみが強調され，道徳教育は政治的なイデオロギー対立の争点とされることが常態化してきました。それは，昭和33（1958）年の「特設道徳」論争，昭和41（1966）年の「期待される人間像」，さらには「心のノート」をめぐる論争の中に象徴的に認められます。

　言うまでもなく，道徳教育は人間教育の普遍的で中核的な構成要素であるとともに，その充実は今後の時代を生き抜く力を一人一人に育成する上での緊急な課題です。しかし，道徳教育の現状は，学校が，児童生徒に対する道徳教育の責任と役割を十分に果たしていないばか

りでなく,「人格の完成」を目指す教育基本法の目的や学習指導要領の趣旨からも逸脱していたと言えます。

　ところが,戦後日本の中では,道徳教育はともすれば「政治問題」の中に押し込められ,教育論として議論されることは少なかったという実態があります。道徳教育の内容や方法をめぐる議論は基本的に成立せず,道徳教育それ自体が「賛成か,反対か」の二項対立図式の中に解消されて論じられる傾向が強かったのです。こうした状況は,諸外国の道徳教育をめぐる状況と比較しても異質でした。

　歴史的な観点から言えば,道徳の教科化は道徳教育を「政治問題」から解放し,教育論として論じるための基盤を形成するために必要な制度的な措置と言うことができます。「特別の教科　道徳」の設置によって,児童生徒の道徳性に正面から向き合うことが求められ,それは必然的に政治的イデオロギーの入り込む余地を格段に減少させるからです。少なくとも,「特別の教科　道徳」の設置によって,政治的対立を背景とした「賛成か,反対か」の入り口の議論は後退し,教科書,指導法,評価の在り方といった本質的な議論に関心が向けられ始めたことは,道徳の教科化の大きな歴史的意義と言えます。

【参考文献】
○貝塚茂樹著『道徳の教科化―「戦後七〇年」の対立を超えて―』文化書房博文社,2015年
○貝塚茂樹・関根明伸編著『道徳教育を学ぶための重要項目100』教育出版,2016年
○西野真由美・鈴木明雄・貝塚茂樹編『「考え,議論する道徳」の指導法と評価』教育出版,2017年

第3節 これから求められる資質・能力と道徳教育改革

Q 道徳教育で育成を目指す資質・能力とはどのようなものですか。

1 よりよい社会と幸福な人生の創り手となる力

　学習指導要領には新たに「前文」が設けられました。この前文は，学習指導要領が目指す理念と基本的な方向性を明確にし，教職員のみならず社会で広く共有されるようにしたものです。
　前文は，教育基本法に示された教育の目的や目標を明記した上で，これからの学校教育の方向性についてこう示しています。

> 　一人一人の児童が，自分のよさや可能性を認識するとともに，あらゆる他者を価値のある存在として尊重し，多様な人々と協働しながら様々な社会的変化を乗り越え，豊かな人生を切り拓き，持続可能な社会の創り手となることができるようにすることが求められる。

　ここで目指されているのは，多様性が尊重・承認される共生社会であり，さらには，それらの多様性を生かした未来社会の創造です。特に注目したいのは，多様な個々人の「豊かな人生」と「持続可能な社会」の実現が共に学校教育に求められていることです。
　この前文の背景となった考え方は，中央教育審議会「幼稚園，小学

校，中学校，高等学校及び特別支援学校の学習指導要領等の改善及び必要な方策等について（答申）」（平成28年12月21日）（以下，「中教審答申」）において，次のように示されています。

> 解き方があらかじめ定まった問題を効率的に解いたり，定められた手続を効率的にこなしたりすることにとどまらず，直面する様々な変化を柔軟に受け止め，感性を豊かに働かせながら，どのような未来を創っていくのか，どのように社会や人生をよりよいものにしていくのかを考え，主体的に学び続けて自ら能力を引き出し，自分なりに試行錯誤したり，多様な他者と協働したりして，新たな価値（※）を生み出していくために必要な力を身に付け，子供たち一人一人が，予測できない変化に受け身で対処するのではなく，主体的に向き合って関わり合い，その過程を通して，自らの可能性を発揮し，よりよい社会と幸福な人生の創り手となっていけるようにすることが重要である。（※新たな価値とは，グローバルな規模でのイノベーションのような大規模なものに限られるものではなく，地域課題や身近な生活上の課題を自分なりに解決し，他の人生や生活を豊かなものとしていくという様々な工夫なども含むものである。）

「あらゆる他者を価値のある存在として尊重」しながら，「自らの可能性を発揮し」，自分自身の「幸福な人生」を築いていくためには，個人の狭い利害に囚われた利己主義的な「幸福」ではなく，あるいはまた，滅私奉公的な集団主義でもなく，多様な個々人が幸福を追求できる豊かでよりよい社会の実現が求められます。その社会をどう創っていくかという問いに一律の答えはありません。だからこそ，学校教育に求められるのは，決まった答えを解く力ではなく，答えの見えない問いを協働で探究し，自分なりの答えを見いだしていく，そうして自分も他者も幸福になるような社会を築いていく力を育てることなのです。

これまで我が国の学校教育は，中教審答申に示された「解き方があらかじめ定まった問題を効率的に」解く力を育成することにおいて世界的にも高い成果を挙げてきました。その成果が今後も大切であることは変わりありませんが，子供たちが未来社会を切り拓くためには，決まった解き方や手続きに関する知識だけでなく，それを生きて働かせることができる資質・能力の育成が求められます。それは，学習指導要領が長く理念として継承してきた「生きる力」において提唱されてきた考え方でもあります。今回の学習指導要領は，この「生きる力」をより具体化し，三つの柱として整理することによって，子供たちがよりよい社会と幸福な人生の創り手となるよう，学校教育で育成を目指す資質・能力を明確化し，学校の教育活動全体でこれらの資質・能力を育成する教育課程を実現することを目指しているのです。

2　育成すべき資質・能力と道徳教育

　中央教育審議会は，この学習指導要領で学んだ子供たちが生きていくであろう予測困難な未来に向け，子供たちにどんな資質・能力を育成するか検討を重ねてきました。その中で特に注目されたのは，人工知能（AI）の飛躍的な進歩です。今日のAIは，ディープ・ラーニング（Deep Learning）と呼ばれる学習によって，知識を関連付けて"思考"する人間の学びを模倣して進化し，人間を超える働きをしつつあるからです。

　しかし，こうした人工知能の進歩は，逆に，人の学びの人間らしさや強みをも浮き彫りにすることとなりました。学習指導要領解説「総則編」では，こう示しています。

> 人工知能がどれだけ進化し思考できるようになったとしても，その思考の目的を与えたり，目的のよさ・正しさ・美しさを判断したりできるのは人間の最も大きな強みである（p.1）

図1　育成を目指す資質・能力三つの柱
（出典：中教審答申，補足資料，p.7）

　人生の目的や生きる意味，どのような社会を目指すかという方向性。こういった判断には，何を「よさ」と捉え，何を「正しい」とみなすかという価値の問題が関わっています。「何のために生きるか」「何のために学ぶか」。こうした問いの答えは，他者から与えられるものではなく，子供が自ら答えを見いだしていかなければならない問いなのです。

　育成すべき資質・能力の三つの柱（図1）の一つとして示された，「どのように社会・世界と関わり，よりよい人生を送るか（学びを人生や社会に生かそうとする「学びに向かう力・人間性等」の涵養）」は，人の学びの「人間らしさ」です。道徳教育で育成を目指す「道徳性」は，まさしくこの人間らしい資質・能力の育成に深く関わっています。

　この図で注目したいのは，「学びに向かう力・人間性等」が，三本柱の一つとして，他の二つの柱と相互に関わっているということです。

　この関わりやつながりを重視し，学習指導要領では，全ての教科等の目標や内容について，「知識及び技能」「思考力，判断力，表現力等」「学びに向かう力，人間性等」の三つの柱で再整理が図られています。

第3節 これから求められる資質・能力と道徳教育改革

道徳性を養う学習と，道徳教育で育成を目指す資質・能力の整理

道徳教育で育成する資質・能力としての道徳性と，道徳教育・道徳科の学習の過程との関係をイメージしたもの。
道徳教育，道徳科の意義，特質から，これらの要素を分断して評価を行うことはなじまない。

	道徳的諸価値の理解と自分自身に固有の選択基準・判断基準の形成	生徒一人一人の人間としての在り方生き方についての考え（思考）	人間としてよりよく生きようとする**道徳性**
高等学校	○ 道徳的価値の理解に基づき，自分自身に固有の選択基準・判断基準を形成すること など	○ 物事を広い視野から多面的・多角的に考え，自分自身の人間としての在り方生き方についての考えを深めること など	○人間としての在り方生き方を考え，主体的な判断の下に行動し，**自立した人間として他者とともによりよく生きるための基盤となる道徳性** ・道徳的価値が大切なことなどを理解し，様々な状況下において人間としてどのように対処することが望まれるか判断する能力（道徳的判断力） ・人間としてのよりよい生き方や善を指向する感情（道徳的心情） ・道徳的価値を実現しようとする意志の働き，行為への身構え（道徳的実践意欲と態度） など
小学校・中学校	○ **道徳的諸価値の意義及びその大切さなどを理解すること** ・人間としてよりよく生きる上で，道徳的価値は大切であるということの理解 ・道徳的価値は大切であっても，なかなか実現することができないことの理解 ・道徳的価値を実現したり，実現できなかったりする場合の感じ方，考え方は多様であるということを前提とした理解 など	○ **自己を見つめ，物事を多面的・多角的に考え，自己の（人間としての）生き方についての考えを深めること** （中学校） ・人生の意味をどこに求め，いかによりよく生きるかという人間としての生き方を主体的に模索する ・人間についての深い理解を鏡として行為の主体としての自己を深く見つめる （小学校） ・道徳的価値に関わる事象を自分自身の問題として受け止める ・他者の多様な考え方や感じ方に触れることで，自分の特徴などを知り，伸ばしたい自己を深く見つめる ・生き方の課題を考え，それを自己（人間として）の生き方として実現しようとする思いや願いを深める など	○自己の（人間としての）生き方を考え，主体的な判断の下に行動し，**自立した人間として他者とともによりよく生きるための基盤となる道徳性** ・道徳的価値が大切なことなどを理解し，様々な状況下において人間としてどのように対処することが望まれるか判断する能力（道徳的判断力） ・人間としてのよりよい生き方や善を指向する感情（道徳的心情） ・道徳的価値を実現しようとする意志の働き，行為への身構え（道徳的実践意欲と態度） など

道徳性を養うための学習を支える要素 ／ 道徳教育・道徳科で育てる資質・能力

図2 道徳性を養う学習と，道徳教育で育成を目指す資質・能力の整理
（出典：中教審答申，別添資料，別添16-1）

　道徳科の学習指導要領は，全面改訂に先行して改訂されたため，三つの柱は明示されていませんが，中教審答申の別添資料では，他教科等と同様に育成を目指す資質・能力が三つの柱で整理されています（図2）。その際，道徳教育で育成を目指す資質・能力は「道徳性」であり，柱の一つである「人間性」に深く関わっていますが，その育成には，道徳的諸価値の理解と思考力を育成する学習活動が不可欠であることが示されています。

　「資質・能力の三つの柱」は，資質・能力の育成を目指した諸外国の教育改革やこれまで国内で提起されてきた様々な資質・能力（人間力，学士力など）の分析を踏まえて提起されています。これらの資質・能力に共通しているのは，中教審答申でも指摘されているように，知識に関するもの，思考や判断，表現等に関わる力に関するもの，情意や態度等に関するものの三つに分類されうることです。

諸外国の教育改革における資質・能力目標

OECD (DeSeCo)		EU	イギリス	オーストラリア	ニュージーランド	(アメリカほか)	
キーコンピテンシー		キーコンピテンシー	キースキルと思考スキル	汎用的能力	キーコンピテンシー	21世紀型スキル	
相互作用的道具活用力	言語、記号の活用	第1言語 外国語	コミュニケーション	リテラシー	言語・記号・テキストを使用する能力		基礎的リテラシー
	知識や情報の活用	数学と科学技術のコンピテンス	数字の応用	ニューメラシー			
	技術の活用	デジタル・コンピテンス	情報テクノロジー	ICT技術		情報リテラシー	
						ICTリテラシー	
反省性（考える力） （協働する力） （問題解決力）		学び方の学習	思考スキル （問題解決） （協働する）	批判的・創造的思考力	思考力	創造とイノベーション 批判的思考と問題解決 学び方の学習 コミュニケーション コラボレーション	認知スキル
自律的活動力	大きな展望	進取の精神と起業家精神		倫理的理解	自己管理力	キャリアと生活	社会スキル
	人生設計と個人的プロジェクト						
	権利・利害・限界や要求の表明		問題解決 協働する	個人的・社会的能力			
異質な集団での交流力	人間関係力	社会的・市民的コンピテンシー 文化的気づきと表現			他者との関わり	個人的・社会的責任	
	協働する力			異文化間理解	参加と貢献		
	問題解決力					シティズンシップ	

図3　諸外国の教育改革における資質・能力目標
（出典：中教審答申，補足資料，p.100）

　とりわけ諸外国の教育改革で目立つのは，伝統的に学力として重視されてきた知識や思考力の育成に加えて，情意や態度に関する資質・能力が注目されていることです。具体的には，人生設計，キャリア形成や自己管理など自己の生き方に関わる資質・能力，協働や社会参画など他者や社会に関わる資質・能力などです（図3）。

　もとより日本の学校教育は，知・徳・体の調和のとれた「生きる力」の育成を目指してきた点で，こうした世界の潮流を先取りしてきたと言えるでしょう。しかし，今日世界の教育改革で求められているのは，知・徳・体を教科等の縦割りで分業的に育成することではなく，三者を一体的に育成する教育課程の実現なのです。

3　道徳科で育成を目指す資質・能力と学習活動

　資質・能力を育成するという考え方は，これまでの道徳教育にとって疎遠なものではありません。むしろ，「道徳の時間」はその特設以

来、一貫して、内面的資質の育成を重視してきたと言ってよいでしょう。そこで「能力」という語が直接使用されることはほとんどありませんでしたが、今回の学習指導要領における「資質・能力」は、資質と能力を一体的に捉えた用語として示されており、内面的資質に目を向けてきた道徳教育は、資質・能力の育成を目指してきたとみることもできるでしょう。

　道徳教育の改善に向け、文部科学省に設置された「道徳教育の充実に関する懇談会」の報告では、その基本的な方向性を評価しつつも、「道徳教育の目標自体が内面的なものに偏って捉えられがちとなっている」ことや、「内面的資質としての道徳的実践力が強調されるあまり、道徳教育における実践的な行動力等の育成が軽視されがちな面がある」と指摘しました（「今後の道徳教育の改善・充実方策について（報告）」平成25（2013）年12月26日）。

　この指摘にみるように、教科化に向けた審議における中心的な課題は、育成を目指す資質・能力、すなわち、道徳の授業を通してどんな力を育てるか、についての見直しでした。そして、この懇談会の提言から中央教育審議会答申「道徳に係る教育課程の改善等について」（平成26（2014）年10月21日）を経て、道徳科（授業）の目標は、学校における道徳教育全体の目標と共通に「よりよく生きるための基盤となる道徳性を養う」と示されました。

　道徳教育としての目標を共有しつつ、道徳科としての特質は、その学習活動を具体化することが示されています。すなわち、「道徳的諸価値についての理解を基に、自己を見つめ、物事を多面的・多角的に考え、自己の生き方についての考えを深める学習」（学習指導要領第3章第1）を通して、よりよく生きていくための資質・能力を育成することに道徳科の特質があります。

　このように学習活動の特質が具体的に目標に盛り込まれたことは、各学校における指導の工夫を妨げるものではありません。むしろ逆

に，これまで「何を学ぶか」という内容（道徳的諸価値）をそのまま学習のねらいとしてきた授業に対し，目標としての資質・能力育成に向けては，「どのように学ぶか」に着目して，学習活動の充実と学習過程の質的向上が求められることを改めて強調していると言えるでしょう。

　目標とする資質・能力について，上記の中教審答申では，「特定の価値観を押し付けたり，主体性をもたず言われるままに行動するよう指導したりすることは，道徳教育が目指す方向の対極にある」と強く注意を促し，「多様な価値観の，時に対立がある場合を含めて，誠実にそれらの価値に向き合い，道徳としての問題を考え続ける姿勢こそ道徳教育で養うべき基本的資質であると考えられる」と示しています。

　このような資質・能力を育成するためには，時に対立もあるような，答えが一つでない道徳的な問題を自分自身の問題として受け止め，多様な見方・考え方に出会って多面的・多角的に考え，議論しながら自分らしい選択やよりよい解決を目指す学習活動が求められます。道徳科で育成を目指す資質・能力（道徳性）は，「考え，議論する」学習活動を充実することによって育まれるのです。

　学習指導要領で示された道徳科の内容（道徳的諸価値）は，それらについての理解を基に，自己を見つめ，多面的・多角的に考えるための，いわば「手掛かり」となるものであって，目標そのものではありません。道徳科の学習に求められるのは，道徳的諸価値の理解に留まるのではなく，自分の幸福とよりよい社会を実現していくための生きて働く道徳性の育成です。子供たち自身が，複雑な実生活や社会で出会う問題場面や状況の中で，道徳的価値の理解を基に多面的・多角的な思考を働かせながら，価値を実現するよりよい解決を見いだすことのできる力です。多様な見方・考え方と出会いながら考え，議論する学習過程の充実が，道徳科で育成を目指す資質・能力に通じるプロセスなのです。

4 道徳教育改革を実現する視点

　「考え，議論する道徳」への質的転換を実現するには，道徳科の授業改善や評価の充実とともに，それらを学校の道徳教育改革と一体で進めることが必要です。ただし，改革といっても，新しい取組を一から始めなければならないのではありません。求められるのは，学習指導要領に示された「社会に開かれた教育課程」や「カリキュラム・マネジメント」の実現です。それらは，これまで各学校が実践してきた組織的・計画的な道徳教育を意識的に充実していくことに他なりません。

　学校の教育活動全体を通じた道徳教育として，これまでも，全体計画の作成を通して，各教科等における道徳教育の視点を明示して教育課程の有機的なつながりを図るとともに，家庭との連携や地域の人的・物的資源の活用を示すなど，学校の創意工夫を生かしたカリキュラム・マネジメントが推進されてきました。各学校は，その資産を生かしつつ，これまでの取組を評価・改善するPDCAサイクルを位置付け，カリキュラム・マネジメントの実質化を図るよう期待されています。

　このカリキュラム・マネジメントの中核となるのが道徳科です。従前の学習指導要領で示されてきた，学校の道徳教育を「補充，深化，統合」する役割は，表現を変えて次のように道徳科に引き継がれています（第3　指導計画の作成と内容の取扱い　2(2)）。

　道徳科が学校の教育活動全体を通じて行う道徳教育の要としての役割を果たすことができるよう，計画的・発展的な指導を行うこと。特に，各教科，外国語活動，総合的な学習の時間及び特別活動における

> 道徳教育としては取り扱う機会が十分でない内容項目に関わる指導を補うことや，児童や学校の実態等を踏まえて指導をより一層深めること，内容項目の相互の関連を捉え直したり発展させたりすることに留意すること。

　教科化によって授業だけに閉じてしまっては改革に逆行します。横断的な教育課題を積極的に引き受け，多様な学習活動や学習経験とつながりながら，学校として社会に開かれた道徳教育に取り組む環境づくりが求められているのです。

【参考文献】
○中央教育審議会『道徳に係る教育課程の改善等について（答申）』2014年10月21日
○中央教育審議会『幼稚園，小学校，中学校，高等学校及び特別支援学校の学習指導要領等の改善及び必要な方策等について（答申）』2016年12月21日
○道徳教育の充実に関する懇談会『今後の道徳教育の改善・充実方策について（報告）～新しい時代を、人としてより良く生きる力を育てるために～』2013年12月26日

第 2 章

「特別の教科 道徳」の
学習指導要領を読み解く

第1節 目標を読み解く

Q 道徳教育の目標,「特別の教科 道徳」の目標をどのように捉えればよいですか。

1 道徳教育の目標

(1) 「道徳教育や体験活動,多様な表現や鑑賞の活動等を通して,豊かな心や創造性の涵養を目指した教育」の充実を図る

　新学習指導要領では,総則において,道徳教育の目標を記す前に,「道徳教育や体験活動,多様な表現や鑑賞の活動等を通して,豊かな心や創造性の涵養を目指した教育の充実に努めること」と記されています。道徳教育を一層充実させるために,豊かな体験活動や感性を育てる体験的学習,豊かに心を通わせ,感受性を高め,創造的に新しい価値を創り出す学習を積極的に取り入れていくことを求めています。道徳教育を心の教育や新しい価値を創造する教育という視点から捉え直し充実させていこうとする意図が読み取れます。

(2) 道徳教育は法律に基づいて行われ,学校教育の中核であることの確認

　道徳教育の目標の記述において,今回も「教育基本法及び学校教育法に定められた教育の根本精神に基づき」という文言から始まっています。このことは,二つの意味があると解釈できます。一つは戦後の道徳教育は法律に基づいてなされるものであること(戦前の教育の反

省），二つは法律において道徳教育は教育の中核に位置付けられていることを確認することを求めていると捉えられます。

(3) 道徳教育は学校教育全体で行うものであり，その要として「特別の教科　道徳」が設けられている

　総則の第1の2の(2)の本文の最初に「学校における道徳教育は，特別の教科である道徳（以下「道徳科」という。）を要として学校の教育活動全体を通じて行うものであ」ることが明記されています。ここに，学校における道徳教育の構造が明確に示されています。道徳の時間が「特別の教科　道徳」になっても，今までと同様に道徳教育は学校教育全体において行うものであり，「特別の教科　道徳」がその要の役割を果たすように，子供たちの発達段階を考慮して適切に指導を行うこととされています。

　そして，総則において，道徳教育の全体計画について述べられています。また，全ての各教科等の「第3　指導計画の作成と内容の取扱い」において，「特別の教科道徳の第2に示す内容について，○○（ここには各教科等が入っています）の特質に応じて適切な指導をすること」と明記されています。全教育活動における道徳教育の充実が一層強調されているのです。

(4) カリキュラム・マネジメントの視点を反映させること

　今回の改訂においては，カリキュラム・マネジメントという言葉が総則に明記され，指導計画の充実を求めています。その具体として，総則の第1の4で「児童や学校，地域の実態を適切に把握し，教育の目的や目標の実現に必要な教育の内容を教科等横断的な視点で組み立てていくこと」を求めています。道徳教育の内容は，全ての教育活動と関わるものであり，その要として「特別の教科　道徳」が設置されていることから，カリキュラム・マネジメントの視点を最も反映させる必要があります。

(5) 道徳教育の目標は，自律的に道徳的実践を行い共によりよく生きようとする子供たちを育てること

　道徳教育の目標は，「自己の生き方を考え，主体的な判断の下に行動し，自立した人間として他者とともによりよく生きるための基盤となる道徳性を養うこと」と記されています。

　この文面から言えば，道徳教育は道徳性を養うことを目標とする，ということになります。学習指導要領解説では，道徳性を「道徳的諸価値が統合したもの」と捉えていますので，基本的な道徳的価値が示されている道徳の指導内容を指導するということになります。

　そのことを，トータルとしての子供の姿で示す必要があります。今回の改訂において（正確には平成27年３月の学習指導要領一部改訂から），目指すべき子供の姿が描けるような表現になっています（図１）。

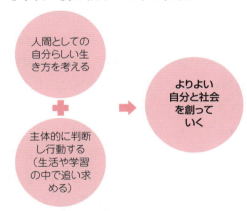

図１　道徳教育が目指す子供像

　ポイントが二つあります。まず，人間としての自己の生き方をしっかり考えられる子供です。そして，それを追い求めて，日常生活や様々な学習活動及びこれからの自らの生き方において，主体的に判断し行動できる子供です。

　それは簡単ではありません。いろいろと葛藤し，チャレンジしながら成長していきます。それが自立した人間ということです。そういう

子供たちが一緒になってよりよい社会を創っていくのです。これが道徳教育の求める子供像であり，道徳教育の目標なのです。一言で言えば自律的に道徳的実践ができる子供を育てるのが，我が国の道徳教育の目標だということになります。

(6) 人間尊重の精神と生命に対する畏敬の念を具体的な生活の中に生かす

さらに，目標に続いて留意事項が書かれています。この内容は，従来は道徳教育の目標として書かれていたものです。同様の重みをもって捉える必要があります。一言で言えば，日本国憲法の「崇高な理想」（世界の平和と人類の福祉に貢献する）を具現化できる子供たちの育成です。そのための基本が「人間尊重の精神と生命に対する畏敬の念を家庭，学校，その他社会における具体的な生活の中に生か」すことなのです。

道徳教育の理念は，戦後一貫して変わっていないということです。

2 「特別の教科 道徳」の目標

道徳教育の要である「特別の教科 道徳」の目標は，「よりよく生きるための基盤となる道徳性を養うため，道徳的諸価値についての理解を基に，自己を見つめ，物事を（広い視野から）多面的・多角的に考え，自己の生き方（人間としての生き方）についての考えを深める学習を通して，道徳的な判断力，心情，実践意欲と態度を育てる」（（ ）は中学校）となっています。ここでは，小学校と中学校を一緒にして理解する必要があります。

(1) 道徳教育の目標と関わらせて指導する

まず，「よりよく生きるための基盤となる道徳性を養うため」と記されています。この文言は，道徳教育の目標の最後の文言と同じです。当然のことながら，「特別の教科 道徳」は道徳教育の目標を要

となって追求していく時間であることを表しています。つまり、道徳教育の目標と関わらせて、指導しなければいけないということです。

(2) 三つのキーワード

「特別の教科　道徳」の目標にある言葉を図式化すると次のようになります（図２）。道徳の授業においては、三つのキーワードで示すことができます。一つは「道徳的諸価値の理解」。一つは「自己を見つめる」。もう一つは「物事を多面的・多角的に考える」です。この三つのキーワードは別々にあるのではなく、全て関わらせて指導していく必要があります。そのことを通して、「人間としての自分らしい生き方についての考えを深める」学習が保障されなければならないことが記されています。

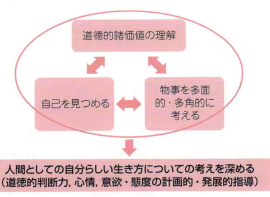

図２　「特別の教科　道徳」の目標の図式化

道徳的諸価値の理解というのは、要するに自分を見つめる判断基準、あるいはいろいろな状況の中でどうすればいいかを考える判断基準になります。ですから、道徳的諸価値の理解は当然、人間として成長するとはどういうことかということと関わらせて、捉える必要があります。

自己を見つめるということにおいては、人間としての自分らしい生

き方という視点から，今の自分，今までの自分，これからの自分を捉え直してみる。あるいは，いろいろな状況の中で自分はどうすればよいのかということを考えていく。こういったことが自己を見つめるということになります。

物事を多面的・多角的に考えるというのは，いろいろな道徳的な事象，道徳的な状況をどのように捉えればよいのか，またそれらに対してどのように対応することが，人間としての自分らしい生き方ということなのだろうか。そういうことをしっかり考えられる力を育てるということです。

そして，それらの学びを通して「人間としての自分らしい生き方についての考えが深め」られるようにするのが「特別の教科　道徳」の目標なのです。小学校においては「自己の生き方」，中学校では「人間としての生き方」となっていますが，一緒にして「人間としての自分らしい生き方」と捉えた方が本来の意味になります。

(3) 道徳的判断力，道徳的心情，道徳的実践意欲・態度を計画的・発展的に育めるようにする

「特別の教科　道徳」は，基本的な道徳的価値全体にわたって計画的・発展的に指導する役割を担っています。具体的には，道徳性の基本である道徳的判断力，心情，意欲・態度（道徳性に関わる知，情，意と捉えられます）を，それぞれの道徳的価値に関わって育み，道徳性全体を計画的・発展的に高めていくのです。

道徳的判断力とは，善悪の判断であることは当然なのですが，今日善ではないが悪でもないという事象が多く見受けられます。そこにおいて何が判断基準として大切なのかと言えば，「人間としてどうすることが求められるのか」という基準からの判断です。道徳的判断力をそのように捉えていく必要があります。道徳的心情も，「人間として望まれる事象や状況」に喜びの感情をもち，「人間として望ましくない事象や状況」に不快の感情をもつことと捉えられます。さらに，道

徳的実践意欲・態度は，「人間として望まれることを自分らしく実行しようとする構え」，逆に言えば「人間として望ましくないことはやめておこうとする自制心」ということになります。この道徳的実践意欲・態度は，「構え」や「自制心」で終わる場合と，「具体的実践」「自制」へと進む場合とがあります。当然，後者を育むわけです。

つまり，今回，「特別の教科　道徳」の目標にある，「自己の生き方についての考えを深める」ことを基盤とした道徳的判断力，道徳的心情，道徳的実践意欲・態度の育成が求められるのです。なお，道徳的判断力，道徳的心情，道徳的実践意欲・態度は相互に関わり合いをもっています。そのことによって，生きて働く道徳性が育まれていくのです。

3　多面的・多角的に考えるとはどういうことか

「特別の教科　道徳」の目標にある「多面的・多角的に考える」ということが，授業改革のキーワードとして，よく取り上げられます。

それは，道徳的な事象や状況に対してどのように考えるかというこ

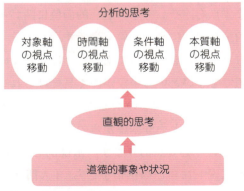

図3　道徳的思考の基本

とです。まず直観的に考えることが大切です。それが道徳的感覚を養います。そこからどう思考を深めていくかです。いわゆる分析的思考になります。その思考の方法（スキル）を子供たちが身に付ければ，いろいろな道徳的事象や状況を考えたり，直面したりしたときに応用できるのです。道徳的な見方・考え方のスキルの基本として，思考の視点移動が考えられます。大きくは，対象軸，時間軸，条件軸，本質軸の視点移動です。

相手や第三者などの立場から考える対象軸の視点移動，過去や結果，将来などから考える時間軸の視点移動，条件や状況を変えたり比較したりして考える条件軸の視点移動，本質から考える本質軸の視点移動です。その方法（スキル）を子供たちが身に付ければ，応用力のある道徳的思考力を育てていけると考えられます。

4 道徳の時間と「特別の教科　道徳」は何が同じで何が違うのか

(1) 道徳の時間と「特別の教科　道徳」は道徳の本質に基づいて設置されていることにおいては変わらない

道徳の時間も「特別の教科　道徳」も，人格の基盤となる道徳性を形成する基本的な道徳的諸価値について計画的，発展的，総合的に学び，道徳的実践へとつながる道徳的実践力を身に付けるという点において同じです。また，各教科等における道徳教育の要としての役割を担うのも同じです。

(2) 道徳の時間は教科外に位置付けられているが，「特別の教科　道徳」は教科内に，かつ特別の教科として位置付けられている

では，何が違うのでしょうか。明確に異なるのは「特別の教科　道徳」は，教科に位置付けられたということです。そのことによって，教科書の使用と評価が義務付けられます。当然，各教科の特質に応じた教科書の開発や評価が求められます。それは，各教科で行われてい

る丁寧な指導，積み重ねる指導が必要だということです。予習，復習や学んだことの確認，ノート指導，系統的指導などが求められます。

　また，教科の枠の中に新たに「特別の教科」という枠を設けてそこに道徳を位置付けています。それはどのような意味でしょうか。道徳は，全ての教育活動と関わるのであり，そこに独自性があります。つまり，各教科等を横断的に包み込んで成り立つということです。言わばスーパー教科として位置付いているということです。

　そこから，校長と道徳教育推進教師を中核とする組織的，総合的指導が求められます。また，各教科等との連携の強化，様々な教育課題への対応（総合道徳），環境の充実整備，家庭や地域との連携などが重要になるのです。

　さらに，道徳教育の新しい役割に応じて，要としての役割が果たせるように授業を充実させる必要があります。

5　道徳教育全体と「特別の教科　道徳」との関係

　最後に，学校全体で取り組む道徳教育と「特別の教科　道徳」との関係について確認しておきます。

　「特別の教科　道徳」は，道徳性の根底にある道徳的判断力，心情，実践意欲・態度を，基本的な道徳的価値全体にわたって計画的・発展的に指導する役割を担っています。したがって，全ての教育活動と関わりをもつのです。これが中核になります。

　次に，「特別の教科　道徳」での学びを囲む円として，各教科等における道徳教育があります。その中で，当然，道徳的判断力や，心情，実践意欲・態度が育まれるのですが，計画的・発展的にではありません。それぞれの教科等の特質に応じて指導されます。そのことを踏まえた上で，各教科等においては，特に道徳的知識や道徳的実践の方法，さらには道徳的事象についての追究方法などを学んでいきま

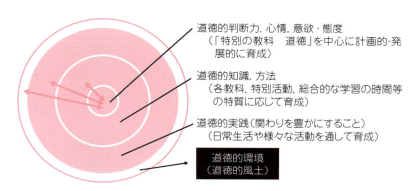

図4　道徳教育の全体と「特別の教科 道徳」の関係

す。

　それらがあって，道徳的な実践が具体化します。それは，いろいろな関わり（主には，自分自身，人，集団や社会，生命や自然，崇高なものとの関わり）を豊かにしていくことと捉えられます。そのような状況においては，当然，その場が道徳的な雰囲気を醸し出すようになります。そして，それらを踏まえて，環境（物理的環境，人的環境，情報的環境など）を整備することによって，さらに道徳的環境（道徳的風土）にしていくのです。

第2節 内容を読み解く

Q 「特別の教科　道徳」における四つの視点の内容とそれぞれのポイントを教えてください。

1　内容の基本的な押さえ

(1)　全教育活動における道徳教育の内容であり，要である「特別の教科　道徳」では全部の内容を指導する

　道徳教育の内容については，総則の「第2　教育課程の編成」の「3　教育課程の編成における共通的事項」の中に，「道徳科を要として学校の教育活動全体を通じて行う道徳教育の内容は，第3章特別の教科道徳の第2に示す内容とし」と明記されています。

　また，「第3章　特別の教科　道徳」の「第2　内容」の冒頭に，「学校の教育活動全体を通じて行う道徳教育の要である道徳科においては，以下に示す項目について扱う」と記されています。

　さらに，「第3章　特別の教科　道徳」の「第3　指導計画の作成と内容の取扱い」において，小学校では，「第2に示す各学年段階の内容項目について，相当する各学年において全て取り上げることとする」と記されており，中学校においても，「第2に示す内容項目について，各学年において全て取り上げることとする」と明記されています。

　これらのことから，「第2　内容」に示される項目は，教育活動全

体において指導する内容であると同時に、「特別の教科　道徳」においては、毎学年、全部の内容項目について指導しなければならないことになります。

(2)　道徳性の育成は関わりを豊かにすること

道徳教育の指導内容は、四つの関わりごとに、かつ学年段階ごとに重点的に示されています。このような内容の示し方は、同時に道徳教育の在り方をも示しています。

●**四つの視点**

A　主として自分自身に関すること

B　主として人との関わりに関すること

C　主として集団や社会との関わりに関すること

D　主として生命や自然、崇高なものとの関わりに関すること

全ての子供たちが、道徳性の萌芽をもって生まれてきます。その萌芽は、日常生活における様々な関わりを通して成長していきます。つまり、道徳性が成長するとは、日常生活における関わりを豊かにしていくことだと言えるわけです。

その関わりの基本的なものが四つの視点として示されています。主に、自分自身、人、集団や社会、生命・自然・崇高なものです。これらの関わりを豊かにしていくために求められる価値意識、言い換えれば、これらの関わりを豊かにしていくことによって育まれる道徳的価値意識を、発達段階を考慮して示しているのが、指導内容項目です。

道徳教育は、人間としての自分らしい生き方を考え追い求めることですから、全ての関わりが自分自身を主役にしてなされます。

つまり、自分自身との関わりは、自分自身と自分自身との関わりですから、自分のことは自分で行うとか、自分自身との対話の仕方など

がポイントになります。

　自分自身と人との関わりにおいては，人と接する心構えや具体的行動指針といったものがポイントになります。

　自分自身と集団や社会との関わりにおいては，集団や社会と接する心構えや様々な集団や社会における身の処し方といったものがポイントになります。

　自分自身と生命や自然，崇高なものとの関わりにおいては，自分自身を含めて様々な生命や様々な自然，崇高なものと接する際の心構えや具体的な関わり方がポイントになります。

　それらのポイントを自分らしく発展させていくために必要なものとして指導内容項目が，発達段階ごとに示されています。子供たち一人一人が，指導内容項目を窓口として自らの道徳性を発展させていくことを求めています。

　つまり，道徳性の成長は，自分自身，人，集団や社会，生命や自然，崇高なものとの関わりを豊かにすることであり，そのことは同時に道徳的価値意識を育んでいくことになるのです。「豊かな体験による内面に根ざした道徳性の育成」が道徳教育の基本原理であることが理解できます（次ページ図参照）。

第2節 内容を読み解く

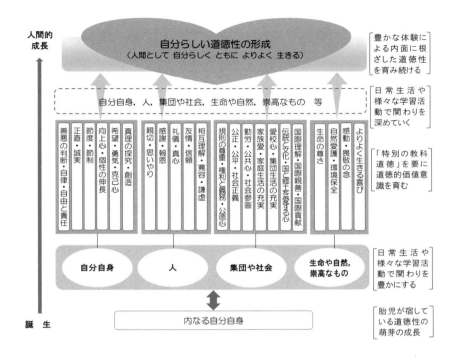

内容項目一覧（「小学校学習指導要領解説　特別の教科　道徳編」平成29年6月）

	小学校第1学年及び第2学年	小学校第3学年及び第4学年
A 主として自分自身に関すること		
善悪の判断，自律，自由と責任	(1) よいことと悪いこととの区別をし，よいと思うことを進んで行うこと。	(1) 正しいと判断したことは，自信をもって行うこと。
正直，誠実	(2) うそをついたりごまかしをしたりしないで，素直に伸び伸びと生活すること。	(2) 過ちは素直に改め，正直に明るい心で生活すること。
節度，節制	(3) 健康や安全に気を付け，物や金銭を大切にし，身の回りを整え，わがままをしないで，規則正しい生活をすること。	(3) 自分でできることは自分でやり，安全に気を付け，よく考えて行動し，節度のある生活をすること。
個性の伸長	(4) 自分の特徴に気付くこと。	(4) 自分の特徴に気付き，長所を伸ばすこと。
希望と勇気，努力と強い意志	(5) 自分のやるべき勉強や仕事をしっかりと行うこと。	(5) 自分でやろうと決めた目標に向かって，強い意志をもち，粘り強くやり抜くこと。
真理の探究		
B 主として人との関わりに関すること		
親切，思いやり	(6) 身近にいる人に温かい心で接し，親切にすること。	(6) 相手のことを思いやり，進んで親切にすること。
感謝	(7) 家族など日頃世話になっている人々に感謝すること。	(7) 家族など生活を支えてくれている人々や現在の生活を築いてくれた高齢者に，尊敬と感謝の気持ちをもって接すること。
礼儀	(8) 気持ちのよい挨拶，言葉遣い，動作などに心掛けて，明るく接すること。	(8) 礼儀の大切さを知り，誰に対しても真心をもって接すること。
友情，信頼	(9) 友達と仲よくし，助け合うこと。	(9) 友達と互いに理解し，信頼し，助け合うこと。
相互理解，寛容		(10) 自分の考えや意見を相手に伝えるとともに，相手のことを理解し，自分と異なる意見も大切にすること。
C 主として集団や社会との関わりに関すること		
規則の尊重	(10) 約束やきまりを守り，みんなが使う物を大切にすること。	(11) 約束や社会のきまりの意義を理解し，それらを守ること。
公正，公平，社会正義	(11) 自分の好き嫌いにとらわれないで接すること。	(12) 誰に対しても分け隔てをせず，公正，公平な態度で接すること。
勤労，公共の精神	(12) 働くことのよさを知り，みんなのために働くこと。	(13) 働くことの大切さを知り，進んでみんなのために働くこと。
家族愛，家庭生活の充実	(13) 父母，祖父母を敬愛し，進んで家の手伝いなどをして，家族の役に立つこと。	(14) 父母，祖父母を敬愛し，家族みんなで協力し合って楽しい家庭をつくること。
よりよい学校生活，集団生活の充実	(14) 先生を敬愛し，学校の人々に親しんで，学級や学校の生活を楽しくすること。	(15) 先生や学校の人々を敬愛し，みんなで協力し合って楽しい学級や学校をつくること。
伝統と文化の尊重，国や郷土を愛する態度	(15) 我が国や郷土の文化と生活に親しみ，愛着をもつこと。	(16) 我が国や郷土の伝統と文化を大切にし，国や郷土を愛する心をもつこと。
国際理解，国際親善	(16) 他国の人々や文化に親しむこと。	(17) 他国の人々や文化に親しみ，関心をもつこと。
D 主として生命や自然，崇高なものとの関わりに関すること		
生命の尊さ	(17) 生きることのすばらしさを知り，生命を大切にすること。	(18) 生命の尊さを知り，生命あるものを大切にすること。
自然愛護	(18) 身近な自然に親しみ，動植物に優しい心で接すること。	(19) 自然のすばらしさや不思議さを感じ取り，自然や動植物を大切にすること。
感動，畏敬の念	(19) 美しいものに触れ，すがすがしい心をもつこと。	(20) 美しいものや気高いものに感動する心をもつこと。
よりよく生きる喜び		

第2節　内容を読み解く

	小学校第5学年及び第6学年	中学校	
A	**主として自分自身に関すること**		
(1)	自由を大切にし，自律的に判断し，責任のある行動をすること。	(1) 自律の精神を重んじ，自主的に考え，判断し，誠実に実行してその結果に責任をもつこと。	自主，自律，自由と責任
(2)	誠実に，明るい心で生活すること。		
(3)	安全に気を付けることや，生活習慣の大切さについて理解し，自分の生活を見直し，節度を守り節制に心掛けること。	(2) 望ましい生活習慣を身に付け，心身の健康の増進を図り，節度を守り節制に心掛け，安全で調和のある生活をすること。	節度，節制
(4)	自分の特徴を知って，短所を改め長所を伸ばすこと。	(3) 自己を見つめ，自己の向上を図るとともに，個性を伸ばして充実した生き方を追求すること。	向上心，個性の伸長
(5)	より高い目標を立て，希望と勇気をもち，困難があってもくじけずに努力して物事をやり抜くこと。	(4) より高い目標を設定し，その達成を目指し，希望と勇気をもち，困難や失敗を乗り越えて着実にやり遂げること。	希望と勇気，克己と強い意志
(6)	真理を大切にし，物事を探究しようとする心をもつこと。	(5) 真実を大切にし，真理を探究して新しいものを生み出そうと努めること。	真理の探究，創造
B	**主として人との関わりに関すること**		
(7)	誰に対しても思いやりの心をもち，相手の立場に立って親切にすること。	(6) 思いやりの心をもって人と接するとともに，家族などの支えや多くの人々の善意により日々の生活や現在の自分があることに感謝し，進んでそれに応え，人間愛の精神を深めること。	思いやり，感謝
(8)	日々の生活が家族や過去からの多くの人々の支え合いや助け合いで成り立っていることに感謝し，それに応えること。		
(9)	時と場をわきまえて，礼儀正しく真心をもって接すること。	(7) 礼儀の意義を理解し，時と場に応じた適切な言動をとること。	礼儀
(10)	友達と互いに信頼し，学び合って友情を深め，異性についても理解しながら，人間関係を築いていくこと。	(8) 友情の尊さを理解して心から信頼できる友達をもち，互いに励まし合い，高め合うとともに，異性についての理解を深め，悩みや葛藤も経験しながら人間関係を深めていくこと。	友情，信頼
(11)	自分の考えや意見を相手に伝えるとともに，謙虚な心をもち，広い心で自分と異なる意見や立場を尊重すること。	(9) 自分の考えや意見を相手に伝えるとともに，それぞれの個性や立場を尊重し，いろいろなものの見方や考え方があることを理解し，寛容の心をもって謙虚に他に学び，自らを高めていくこと。	相互理解，寛容
C	**主として集団や社会との関わりに関すること**		
(12)	法やきまりの意義を理解した上で進んでそれらを守り，自他の権利を大切にし，義務を果たすこと。	(10) 法やきまりの意義を理解し，それらを進んで守るとともに，そのよりよい在り方について考え，自他の権利を大切にし，義務を果たして，規律ある安定した社会の実現に努めること。	遵法精神，公徳心
(13)	誰に対しても差別をすることや偏見をもつことなく，公正，公平な態度で接し，正義の実現に努めること。	(11) 正義と公正さを重んじ，誰に対しても公平に接し，差別や偏見のない社会の実現に努めること。	公正，公平，社会正義
(14)	働くことや社会に奉仕することの充実感を味わうとともに，その意義を理解し，公共のために役に立つことをすること。	(12) 社会参画の意義と社会連帯の自覚を高め，公共の精神をもってよりよい社会の実現に努めること。	社会参画，公共の精神
		(13) 勤労の尊さや意義を理解し，将来の生き方について考えを深め，勤労を通じて社会に貢献すること。	勤労
(15)	父母，祖父母を敬愛し，家族の幸せを求めて，進んで役に立つことをすること。	(14) 父母，祖父母を敬愛し，家族の一員としての自覚をもって充実した家庭生活を築くこと。	家族愛，家庭生活の充実
(16)	先生や学校の人々を敬愛し，みんなで協力し合ってよりよい学校をつくるとともに，様々な集団の中での自分の役割を自覚して集団生活の充実に努めること。	(15) 教師や学校の人々を敬愛し，学級や学校の一員としての自覚をもち，協力し合ってよりよい校風をつくるとともに，様々な集団の意義や集団の中での自分の役割と責任を自覚して集団生活の充実に努めること。	よりよい学校生活，集団生活の充実
(17)	我が国や郷土の伝統と文化を大切にし，先人の努力を知り，国や郷土を愛する心をもつこと。	(16) 郷土の伝統と文化を大切にし，社会に尽くした先人や高齢者に尊敬の念を深め，地域社会の一員としての自覚をもって郷土を愛し，進んで郷土の発展に努めること。	我が国の伝統と文化の尊重，郷土を愛する態度
		(17) 優れた伝統の継承と新しい文化の創造に貢献するとともに，日本人としての自覚をもって国を愛し，国家及び社会の形成者として，その発展に努めること。	我が国の伝統と文化の尊重，国を愛する態度
(18)	他国の人々や文化について理解し，日本人としての自覚をもって国際親善に努めること。	(18) 世界の中の日本人としての自覚をもち，他国を尊重し，国際的視野に立って，世界の平和と人類の発展に寄与すること。	国際理解，国際貢献
D	**主として生命や自然，崇高なものとの関わりに関すること**		
(19)	生命が多くの生命のつながりの中にあるかけがえのないものであることを理解し，生命を尊重すること。	(19) 生命の尊さについて，その連続性や有限性なども含めて理解し，かけがえのない生命を尊重すること。	生命の尊さ
(20)	自然の偉大さを知り，自然環境を大切にすること。	(20) 自然の崇高さを知り，自然環境を大切にすることの意義を理解し，進んで自然の愛護に努めること。	自然愛護
(21)	美しいものや気高いものに感動する心や人間の力を超えたものに対する畏敬の念をもつこと。	(21) 美しいものや気高いものに感動する心をもち，人間の力を超えたものに対する畏敬の念を深めること。	感動，畏敬の念
(22)	よりよく生きようとする人間の強さや気高さを理解し，人間として生きる喜びを感じること。	(22) 人間には自らの弱さや醜さを克服する強さや気高く生きようとする心があることを理解し，人間として生きることに喜びを見いだすこと。	よりよく生きる喜び

49

(3) 道徳の内容は，子供たちが人間としての在り方や生き方を考えたり，自分自身を振り返ったり，自己を成長させる窓口となるものであり，教師と子供たちが一緒になって追い求めていくもの

「第3 指導計画の作成と内容の取扱い」において，小学校では「児童が自ら道徳性を養う中で，自らを振り返って成長を実感したり，これからの課題や目標を見付けたりすることができるよう工夫すること。その際，道徳性を養うことの意義について，児童自らが考え，理解し，主体的に学習に取り組むことができるようにすること」，中学校では「生徒が自ら道徳性を養う中で，自らを振り返って成長を実感したり，これからの課題や目標を見付けたりすることができるよう工夫すること。その際，道徳性を養うことの意義について，生徒自らが考え，理解し，主体的に学習に取り組むことができるようにすること。また，発達の段階を考慮し，人間としての弱さを認めながら，それを乗り越えてよりよく生きようとすることのよさについて，教師が生徒と共に考える姿勢を大切にすること」と記されています。

ここに，道徳の内容の本質的な意味が集約されていると捉えられます。道徳性は，道徳的諸価値の統合体です。つまり，子供たち自らが道徳性を養うとは，子供たちが基本的な道徳的諸価値が示されている内容項目を主体的に養っていくということです。そして，内容項目を窓口として，自分を振り返ったり，これからの課題や目標を見付けたりしながら，道徳教育の大切さを自分のこととして理解し，主体的に追い求められるようにすることが大切だと述べているのです。

しかし，よりよく生きようとする心は，同時に弱さやもろさをもっています。そのことに正対しながら，教師と子供たちが一緒になって，そこを乗り越え，よりよく生きようとする心を育んでいくのが道徳教育だと示しています。道徳の指導内容は，教師と子供たちが一緒になって追い求める課題なのです。

2　各視点の内容と指導のポイント

(1)　A　主として自分自身に関すること

　自分自身との関わりを深める窓口となり，ポイントとなるものとして，六つの道徳的価値を押さえています。「善悪の判断，自律，自由と責任」「正直，誠実」「節度，節制」「向上心，個性の伸長」「希望と勇気，克己心」「真理の探究，創造」です。これらは，大きく「自分を積極的，前向きに捉えること」「自立心・自制心，克己心をもつこと」「希望と勇気をもって，真理（よりよいもの，より本質的なもの）を求め，自分を向上させていこうとすること」とまとめることができます。

　「**善悪の判断，自律，自由と責任**」は，よいと判断したことを責任をもって自主的に行える子供たちを育てようとする内容項目です。特に，小学校低学年では，よいことと悪いことの区別がしっかりできるようになること，中学年では，自信をもって行動へと移せること，高学年では，自由と責任を自覚して行動できること，中学校では，自律の精神をもち誠実に実行し結果に責任をもつことを求めています。

　「**正直，誠実**」は，明るく清々しい心をもち，いろいろなことに真心を込めて誠実に対応できる子供たちを育てようとする内容項目です。特に，小学校低学年では，素直に伸び伸びと生活できること，中学年では，誤りにも正直に対応し明るい心で生活できること，高学年では，真心をもって明るく誠実に生活できるようになること，中学校では，自律の精神をもち誠実に実行し結果に責任をもつことを求めています。

　「**節度，節制**」は，基本的な生活習慣を身に付け自己をコントロールしながら節度と節制のある調和的な生活ができる子供たちを育てようとする内容項目です。特に，小学校低学年では，生活する上で大切

なことに気を付けて規則正しい生活ができるようになること，中学年では，自分でできることやしなければならないことを考えながら節度のある生活ができるようになること，高学年では，生活を見直し，節度，節制に心がけて習慣化を図れること，中学校では，生活習慣を確立し調和のある生活をすることができることを求めています。

「**向上心，個性の伸長**」は，自らのよさを伸ばして未来を拓いていける子供たちを育てようとする内容項目です。特に，小学校低学年では，自分についての理解を深めながら自分の特徴に気付くようにすること，中学年では，さらに自分のよい点を伸ばそうと取り組めること，高学年では，長所を伸ばしながら短所を改める中で自己の成長を図れるようになること，中学校では，個性を理解しつつも自己を否定するような捉え方をしがちの時期であることを理解し，それを乗り越え，向上心をもって自己と対峙し，個性をさらに伸ばしていくことを求めています。

「**希望と勇気，克己心**」は，未来を拓いていくために希望と勇気をもつこと，そして自分を常に乗り越えていく克己心を養おうとする内容項目です。特に，小学校低学年では，自分に課せられている仕事や勉強にまじめに取り組もうとすること，中学年では，自分でより高い目標を決め最後までやり抜こうとする心を育てること，高学年では，より広い視野から自分の目標を掲げチャレンジしていくための希望や勇気を育むこと，中学校では，失敗や困難に対峙しながら，自らを向上させていけるようになることを求めています。

「**真理の探究，創造**」は，常によりよいもの，真理となるものを求めて工夫し続ける子供たちを育てようとする内容項目です。小学校高学年から重点的に指導されます。特に，小学校高学年では，様々なものに疑問や探究心をもち追究していく力を育み，中学校では，さらに新しい価値の創造に向かおうとする力を育むことを求めています。

(2) B 主として人との関わりに関すること

 自分自身を人との関わりにおいて捉え,望ましい人間関係を築くことに関するものです。人との関わりを豊かにするポイントとして,礼儀を身に付け,感謝と報恩の心をもち,お互いを思いやり,信頼し,友情を深め,寛容の精神をもって謙虚に他を受け入れ,自らを成長させようとする子供たちを育てることを目指しています。

 「親切,思いやり」は,相手を思いやるだけでなく具体的に対応できる子供たちを育てようとする内容項目です。特に,小学校低学年では,人と接するとき笑顔で温かい心の交流ができるようになること,中学年では,相手を思いやりながら相手が望む関わりをもつことができること,高学年では,相手の立場に立って思いやり親切にできること,中学校では,さらに人間愛の精神を育み,感謝を基にした思いやりの心をもって,親切にできることを求めています。

 「感謝,報恩」は,人間関係のベースであると言えます。感謝は,相手を認めることであり,感謝の念が高まれば,相手を尊敬する心が生まれ,恩に応えていこうとする心も育まれます。特に,小学校低学年では,身近でお世話になっている人々に「ありがとう」が言えること,中学年では,特に高齢者に対して敬意を表し,感謝の心で接することができること,高学年では,自分はいろいろな人々に支えられていることを自覚し,感謝の心をもつとともにそれに応えようとすること,中学校では,さらに人間愛の精神を育み,感謝の心をもつとともに思いやりのある親切な行為ができるようになることを求めています。

 「礼儀」は,人間関係の基本をわきまえ,真心をもって人と接することができる子供たちを育てようとする内容項目です。特に,小学校低学年では,日常生活において気持ちのよい言葉かけができ明るく接すること,中学年では,さらに心を込めて人々に応対できること,高学年では,時と場をわきまえた応対が適切にできること,中学校で

は，礼儀の意味を深く理解した上で時と場に応じた適切な言動をとることができることを求めています。

「**友情，信頼**」は，生涯にわたって互いに信頼し友情を深められる子供たちを育てようとする内容項目です。特に，小学校低学年では，友達と助け合って生活できること，中学年では，相互の理解を深め助け合えること，高学年では，相互に学び合いながら友情を深め，男女を含めた人間関係を適切に育むことができるようになること，中学校では，さらにお互いに高め合いながら悩みも共有し乗り越えられる真の友情の育成を求めています。

「**相互理解，寛容，謙虚**」は，多様化が一層進むこれからの社会において人間関係を深めていくために必要となるものです。広い心でお互いを認め合い，謙虚な心で相互に学び合える関係を築くことができる子供たちを育てようとする内容項目です。小学校中学年からの重点的指導となります。特に，中学年では，自分と異なる意見に対しても相手を理解し大切にできること，高学年では，謙虚に相手に学びながら，相互に成長することができること，中学校では，相手に対する理解を深め，さらに謙虚な心で相互に学び合い高め合えるようになることを求めています。

(3) C 主として集団や社会との関わりに関すること

道徳教育は，社会の中で自立して生きていくことができる子供たちを育てるものです。そのためには，集団や社会と豊かに関われることが大切です。そのポイントとして，規則を守ること，一人一人を大切にしながら社会的対応ができること（「公正，公平，社会正義」），みんなでよりよい集団や社会をつくっていこうとする「勤労，公共の精神」をもち，それぞれが属する家族や学校，地域，国，世界との関わりが豊かにもてるような子供たちの育成を求めています。集団や社会に対する愛が閉鎖的なものになったり，優越感や劣等感をもったりすることのないように留意し，友好を深め，関わりを通して互いを豊か

にしていこうとする心を養うことが大切です。

「規則の尊重，権利と義務，公徳心」は，社会的自立の基本として規則やきまりを尊重し，自らの権利と義務を果たし，公共のものを大切にする子供たちを育てようとする内容項目です。特に，小学校低学年では，みんなが共同で使うものを大切に扱い互いに気持ちよく過ごすことができること，中学年では，約束やきまりの意味や必要性を理解し主体的にそれらを守っていこうとすること，高学年では，法やきまりを守り，自他の権利をともに尊重し，集団や社会の一員としての義務を果たそうとすること，中学校では，さらに自らの行動を通して安定した魅力的で心豊かな集団や社会の実現に貢献できるようになることを求めています。

「公正，公平，社会正義」は，一人一人がかけがえのない人間として尊重され，自分らしく生きることができるための公正，公平で社会正義観をしっかりもった子供たちを育てようとする内容項目です。特に，小学校低学年では，明るく伸び伸びと周囲の人たちと接すること，中学年では，誰に対しても公正，公平な態度で接すること，高学年では，差別や偏見の心をもたず，人や社会の正しい在り方を考え，その実現のために行動しようとすること，中学校では，正義や公正さとは何かということについて考えを深め，よりよい社会づくりに向けて積極的に寄与していこうとすることを求めています。

「勤労，公共心，社会参画」は，社会や集団の一員として自分を生かす職業に就き，積極的に社会と関わり，よりよい社会を創造していく力を身に付けた子供たちを育てようとする内容項目です。特に，小学校低学年では，働くことのよさを知り，みんなのために行動しようとすること，中学年では，働くことの意味や必要性を知り，より積極的にみんなのために働こうとすること，高学年では，勤労と奉仕の心をもち公共の役に立つことをしようとすること，中学校では，社会参画と社会連帯，公共の精神をもってよりよい社会を目指すとともに自ら

の将来の生き方を考え，勤労による社会貢献をしようとする心を育て，追い求めていけるようにすることを求めています。

「家族愛，家庭生活の充実」は，生活の基盤としての家庭を見直し，主体的に家庭をよりよくしていこうとする子供たちを育てる内容項目です。特に，小学校低学年では，家族を敬愛し，お手伝いなどを通して家族の役に立とうとすること，中学年では，積極的に家族みんなと協力し楽しい家庭をつくろうとすること，高学年では，さらに視野を広げて「家族の幸せ」を追求し進んで役に立とうとすること，中学校では，家族の一員としての自覚をもって充実した家庭生活を築いていこうとすることを求めています。

「愛校心，集団生活の充実」は，日々生活する学校が心の支えとなるように愛校心を育み，学校生活をよりよくするために行動できる子供たちを育てようとする内容項目です。特に，小学校低学年では，先生に親しみ，自分が属する学校や学級の生活を楽しくしようと工夫すること，中学年では，先生や学校に関わる人たちへの敬愛の念を深め，みんなで力を合わせて学校や学級をよりよくしていこうとすること，高学年では，愛校心を深め，自らの役割を理解し学校生活の充実に努めること，中学校では，みんなで校風をつくり，役割と責任を自覚し，学校生活を充実させ発展に努められるようになることを求めています。

「伝統と文化，国と郷土を愛する心」は，私たちの生活が脈々と受け継がれてきた伝統と文化に支えられていること，国や郷土の人々や自然との関わりの中で成長していることを自覚し，それらと主体的に関わっていくことができる子供たちを育てようとする内容項目です。特に，小学校低学年では，国や郷土の文化や生活に愛着をもつこと，中学年では，伝統と文化を大切にし，国や郷土を愛する心をもつこと，高学年では，先人の努力に触れ，その理解を基に国や郷土への思いをより深めること，中学校では，郷土愛を深めて進んで郷土の発展に努

めようとするとともに，国を愛し，よい伝統や文化の継承発展に努めようとする心を育み関わっていけるようになることを求めています。

「**国際理解，国際親善・国際貢献**」は，我が国の特徴やよさを理解するだけではなく，そのことを他国の人々とも交流し，ともに平和な社会をつくっていくために貢献する子供たちを育てようとする内容項目です。特に，小学校低学年では，他国の人々や文化に触れて親しむこと，中学年では，他国の人々や文化に親しみ関心を深めること，高学年では，日本国民としての自覚をもって国際親善に努めること，中学校では，さらに広く国際的な視野に立ち，他国を尊重し，主体的に世界の平和と人類の発展に寄与しようとする心を育て関われるようにすることを求めています。

(4)　D　主として生命や自然，崇高なものとの関わりに関すること

私たちは，かけがえのない生命を自覚し，様々な美しいもの，気高いもの，崇高なものの中で生活し，自己の心を豊かにしています。それらとの関わりを深めることによって，自らの心を磨き，自分自身との関わり，人との関わり，集団や社会との関わりをより豊かにしていくことができます。崇高なものの根源に命の尊さ，よりよく生きようとする良心を位置付け，それらを自然の雄大さ，様々な場で味わう感動や畏敬の念と関わらせて，自らを見つめ，よりよい生き方を追い求めようとする子供たちを育てることを目指しています。

「**生命の尊さ**」は，36億年をかけた様々な生命との関わりを通して一つ一つの生命が今あることを自覚し，かけがえのない生命を大切にし，輝かせていく子供たちを育てようとする内容項目です。特に，小学校低学年では，生きることのすばらしさを感じ取り，生命を大切にすること，中学年では，生命の尊さへの実感を基に生命ある様々なものを大切にすること，高学年では，生命と生命のつながりを深く理解し生命を尊重すること，中学校では，生命は限りあるものであるにもかかわらず生命が紡がれていくことの尊さを理解し全ての生命を尊重

することを求めています。

「**自然愛護，環境保全**」は，脈々と生き続けている自然の中でともに生活することで豊かな心が育成されることを自覚し，それらを愛で，育て，保全していく子供たちを育てようとする内容項目です。特に，小学校低学年では，身近な自然に親しみ，動植物に優しい心で接すること，中学年では，自然の特徴を感じ取り自然を大切にすること，高学年では，自然の偉大さを知り自然環境を大切にすること，中学校では，自然の崇高さを理解し進んで自然愛護に努めることを求めています。

「**感動，畏敬の念**」は，生きる喜びの根源は感動にあると捉えます。感動が深ければ深いほどより心に残り，自分自身の奥底にあるものを覚醒していきます。そこに畏敬の念が育まれる，と言えます。そのような体験と心を育む子供たちを育てようとする内容項目です。特に，小学校低学年では，身の回りにある美しいものに触れ清々しい心をもつこと，中学年では，美しいものや気高いものに感動する心をもつこと，高学年では，美への感動や人間の力を超えたものに対する畏敬の念をもつこと，中学校では，美への感動や人間の力を超えたもの（人間には到底できない理想とするもの）に対する畏敬の念を深めることを求めています。

「**よりよく生きる喜び**」は，人間の弱さやもろさに向き合い，自分の中にあるよりよく生きようとする心に気付き，それを追い求めることの崇高さを自覚できる子供たちを育てようとする内容項目です。小学校高学年から重点的に指導されます。特に，高学年では，よりよく生きようとする人間の強さや気高さを理解し，生きることの喜びを実感すること，中学校では，心の内にある弱さや醜さをも乗り越えていける強さや気高さをもっていることを強く確信し，自らもそうあろうと努め，人間として自分らしく生きることに喜びを見いだし，一人一人が真の自尊感情を育んでいくことを求めています。

第3節 評価を読み解く

> **Q** 「特別の教科 道徳」における評価のポイントを教えてください。

　文部科学省の通達では,「特別の教科　道徳」の評価については点数評価は行わず,「個人内評価で学習の状況や道徳性において成長したところを文章で示し,子供たちを勇気づける評価」をしましょうと示されています。このことは,従来の評価観を180度転換するものなのです。

1　評価観の180度の転換

　今までの各教科の評価は,いろいろな要素を含めて行われますが,基本的には,教師が指導したことを子供たちがどれだけ理解しているか,どれだけ自分のものとして学んでいるか,を評価することになります。

　「特別の教科　道徳」で求める評価は,そうではないのです。子供たち一人一人,みんなそれぞれよりよく生きようとする心をもっています。これが大前提になります。

　つまり,本来もっているよりよく生きようとする心をどのように目覚めさせ,どのようにそれを自分らしく成長させているか,伸ばしているか。そこをしっかりと観て評価しましょうというのです。

　つまり,指導したことをどれだけ身に付けたかではなく,本来もっ

ているよりよく生きようとする心を，どれだけその子らしく伸ばしているかを観るのです。そのことにおいては，一人一人に差はないのです。もちろん内容的には差はありますが，こちらが上，こちらが下ということはないのです。それぞれに同等価値があるのです。

2　子供自身の自己評価，自己指導の一体化

　評価において求められるのは，評価と指導の一体化です。一般的には，教師が指導したことに対して，それがどうであったかを，子供の姿で評価する。そして，それを基に教師が指導の工夫，改善をしていく，ということになります。
　もちろん，道徳の授業においても，教師が子供たちの姿で自己評価をしながら，自分の授業を改善させていくことを大切にしなければなりません。
　しかし，道徳教育において一番大切なことは，子供自身が自分をどのように見つめて，どのように自分の成長を実感しながら，さらに課題意識をもって，それにどう取り組んでいくかです。つまり，子供たち自身の自己評価，自己指導こそが，一番のポイントになります。そういう視点から評価を考えていくのです。
　実はこういう評価は，現在の道徳の授業においても行われています。子供たちがワークシートなどにいろいろ書いてくれます。それに対して，先生方は，それをしっかり読みながら，「こういうところ，よく見つかったね」とか「いいぞいいぞ」とか，励ましの言葉をそこに書かれます。それが評価です。そのことを積み重ねることを通して，通知表などに示す評価文を考えるのです。
　そのときに，子供自身が自己評価することが大切です。授業を通して，新しく発見できたことは何か。自己の成長，自己の課題を見つけられたか。そういう自己評価ができる用紙を考えることも必要です。

自己評価においては，指導内容の全体を子供たちが意識することが求められます。教科書には，道徳の内容の一覧が子供たちに分かりやすい形で示されます。トータルとしての自分の内面的育ちを意識しながら，自己評価，自己指導へとつなげていける学習は，他の教科等ではできない「特別の教科　道徳」の特質でもあります。

3　具体的にどのように評価に取り組めばよいのか

　様々な評価方法を考える必要がありますが，ここでは八つのポイントを挙げておきます。個人個人の実態把握だけでなく，学級全体における実態把握を併せて行い，それらを関わらせて授業と評価を考えていくことが求められます。

(1)　本時のねらいに関わる子供たちの実態と学級の実態を把握する

　実態把握においては，ねらいに関わる認識や気付き，判断や心もち，実践の程度などを基に探っていくことになります。ねらいに関わるこのクラス全体の状況も把握しておく必要があります（判断力，心情，意欲・態度，行動にわたって把握することが望まれます）。そして，クラスの状態と一人一人の実態把握との関係についても押さえておきたいです。

(2)　実態把握から子供たちとクラスの課題を見いだす

　特に気になる子供に対して，課題を探っておく必要があります。さらに，クラスの実態からクラスの課題を把握しておくことも大切です。子供の課題とクラスの課題との関連について押さえておくのです。

(3)　本時のねらいに関わって，一人一人のよさを見つけていく

　具体的な事例で押さえ，メモしておく。よさを見つけにくい子については，見つけ出せるであろう視点を探しておくことが必要です。クラス全体で感じたねらいに関わるよかったことを簡単にメモしておくことも重要です。

(4) 授業においては，一人一人の発言からねらいに関わるよさ（考える内容や考え方，心の動きや感じ方，実践や解決への態度・意欲などを中心に）を引き出せるように授業を展開していく

　実態把握や課題としてメモしていたことを，うまく関わらせて問いかけていくようにします（意図的指名も工夫）。特定の子に，その子のよさを引き出すための問いかけを工夫することも大切です。また，ねらいに関わらせて「このクラスのよさは何だろう」と問いかけることもあっていいです。クラスのよさを聞く場合には，そのよさをさらに伸ばすためには，どんな課題があるだろうと問いかけることもあってよいです。終末に投げかけて，学級活動へとつなぐこともできます。そこでまた，個人目標も考えるようにすると，道徳の授業と学級活動がうまくつながっていきます。

(5) 授業で記述するノートやワークシートを工夫する

　今日の授業で気付いたこと，新しく発見したこと，確認できたこと，納得できたことなどを子供たちが自己評価して書けるようにしておきます。今日の授業の態度についても聞くようにします（しっかり考えましたか，思っていることを発表できましたか，友達の意見をよく聞きましたか，心に残った言葉はありましたか，それはどのようなことですかなど。選択肢は４択で聞くとよいでしょう）。

(6) それらを基に今日の授業で見いだしたねらいに関わる一人一人のよさをメモしてみる

　それらをメモしながら，さらにどのように授業を展開すればよさを引き出せるかを考えます（毎回全員は難しいので，授業ごとに数人を重点的にメモすることでもよいです）。メモしたものを学年で見せ合い検討するようにします。時には交換授業を行い，一人一人のよさの記述を検討するのです。このような，よさをメモしたノート記述を，毎回積み重ねていきます。特に顕著なよさを見いだした子に対しては，その授業の欄に二重丸を付けて記入する，などの工夫をするとよ

いと思います。

(7) 学期の終わりに，その期の道徳の授業をリストアップして心に残っている授業ベスト３を理由とともに挙げてもらう

そこに挙げられていることを参考に，自分が毎回メモしているノートと照らし合わせて，その子の伸びたところを書き出し，通知表に記述する文章を考えます。

また，子供たち自身に「特別の教科　道徳」の授業を通して自分が成長したと思えることを書いてもらうこともいいと思います。その場合，ポイントを絞って，項目的に，例えば自分のことを深く考えることについて，相手の意見をしっかり聞くことについて，道徳的価値の大切さの理解について，自分の将来の生き方について，日々の生活と関わらせて考えることについて，などを挙げ，それぞれに四段階評価をしてもらい，理由を書いてもらうといった方法も考えられます。

子供たちに行う評価表に，クラスの評価欄も設けて，その学期に学習した内容から見てクラスが特によくなったものを三つくらい挙げてもらうことも行いたいです。

(8) それらの資料を基に次の学期の改善策を考える

一人一人に対してと，クラス全体に対して，改善策を考えるようにします。学年全体，学校全体で協議する場を設ける必要があります。

なお，これらを踏まえて学校教育全体の評価を行う必要があります。例えば，押谷由夫監修『道徳教育アセスメント　BEING』（図書文化社，2018）等が活用できます。

第３章

考え，対話する
「特別の教科　道徳」の
学習指導のポイントを読み解く

第1節
「内容の指導における配慮事項」を読み解く

Q 指導体制の充実，道徳科の特質を生かした指導，児童が主体的に道徳性を育むための指導などを進めるに当たり配慮すべきポイントを教えてください。

　文部科学省では，「考え，議論する道徳」というキャッチフレーズで新しい道徳授業を推進しています。これは大きな改善点です。今までの道徳の授業は，豊かな心を一人一人の内面に貯めていくことを重視していく傾向がありました。それは大変重要ですが，それらをもっとみんなと話し合いながら磨き合っていく，そして実践へとつなげていくことが求められます。自分らしい意見をどんどん出していっていいんだという意識改革を行う上で，議論するというのは非常に大きな役割を果たします。

　しかし，道徳の本質から考えるならば，議論するということを通して，対話を深めていくことにならなくてはいけません。

　考えるということは，大前提です。さらに，感じるということも大前提です。感じる，心を通わすというのは，共感するということです。

　共感しながら，「そういう心はどうして起こってくるのか」，あるいは，「どうすれば，この心をもっと具体的に行動に移していけるのか」など，いろいろと考えることをそこに加えることによって，感じたことが自分自身の生き方へとつながっていきます。

　共感と思考は，道徳の授業の二つの大きな柱です。考えを深めると

は，対話をするということです。その対話は，人との対話だけではなく，いろいろな対象との対話があります。一番基本になるのは自分自身との対話です。そこへと結び付けることによって，自分の生き方について，しっかり考えられるようになります。

いろいろと議論をする。そして，価値の意識を深めていく。状況判断をまた深めていく。そのことを通して，今まで気付かなかったことに気付いていきます。それは価値の理解を深めていくと考えられますが，そういう視点から自分をしっかり見つめて，自分がそういう状況の中にいた場合どうするかという判断や，そこから自分はどう行動するかなどを話し合っていく必要があります。

「対話」というのは，道徳教育の最も大きなキー・ワードです。道徳の内容に示されている関わりも，結局は対話です。自分自身との対話，人との対話，集団や社会との対話，そして生命や自然，崇高なものとの対話を通して，自分をしっかり見つめながら，自己評価し，また自己課題を見いだし，自己指導へとつなげていくのです。

本節では，「第3章　特別の教科　道徳」の「第3　指導計画の作成と内容の取扱い」で，「第2の内容の指導に当たっては，次の事項に配慮するものとする」と示されている七項目について読み解いていきます。

(1) 校長や教頭などの参加，他の教師との協力的な指導などについて工夫し，道徳教育推進教師を中心とした指導体制を充実すること。

校長や教頭などの参加を明記している教科等は，「特別の教科　道徳」以外にありません。その理由は繰り返しになりますが，道徳教育が学校教育の中核であり，その要である「特別の教科　道徳」は，校長や教頭が積極的に関わる必要があるということです。

また，道徳教育は学校教育全体で取り組むものであり，その要であ

る「特別の教科　道徳」は，学校の教職員全員が関われるようにすることが大切です。養護教諭や栄養教諭，スクールカウンセラー，学校司書，事務の職員の方々など，子供たちに関わる教職員全員が意見を出したり，授業のアイデアを出したり，教材づくりの手伝いをしたり，授業に参加したりするなどの協力体制をつくる必要があります。

　そのためにも，学校には道徳教育を中心となって進める道徳教育部のような組織が必要です。どの学校にも，教務部（学習指導部）のような組織と生徒指導部のような組織があります。それらと関わらせながら道徳教育部をつくることで，学校の道徳教育指導体制が充実していきます。例えば，学年ごとの代表，教務部の代表，生徒指導部の代表，学校家庭連携の代表，特別活動主任，総合的な学習の主任，「特別の教科　道徳」の授業担当の道徳主任などで構成することもできます。

　その組織のリーダーが道徳教育推進教師です。学校には，道徳教育推進教師と「特別の教科　道徳」の授業を主に担当する道徳主任を両方置くこともできます。例えば推進教師をベテランの先生にお願いし，道徳主任を若手の先生にお願いすることもできます。そのことによって学校の道徳教育が一層活気付くと考えられます。

> (2)　道徳科が学校の教育活動全体を通じて行う道徳教育の要としての役割を果たすことができるよう，計画的・発展的な指導を行うこと。特に，各教科，外国語活動，総合的な学習の時間及び特別活動における道徳教育としては取り扱う機会が十分でない内容項目に関わる指導を補うことや，児童や学校の実態等を踏まえて指導をより一層深めること，内容項目の相互の関連を捉え直したり発展させたりすることに留意すること。

　ここには学校における道徳教育の構造が示されています。つまり，

道徳教育は全教育活動を通して行われるものであり、その要として「特別の教科　道徳」があるのです。「特別の教科　道徳」の指導は、他の様々な教育活動と関わらせて成り立つ教科だということです。

では、要としての役割はどのようなものでしょうか。「特別の教科　道徳」が各教科における道徳教育と同じことをしていては要にはなりません。各教科等で行われる道徳教育を発展的に指導することが必要です。その発展的というのが、例えば、他の教科等で十分な指導ができない内容を補ったり、さらに深めていきたい内容を深めたり、関連をもたせて統合を図っていったりすることとなります。それは道徳授業においては、事前に各教育活動や日常生活において子供たちが育んでいる、ねらいに関わる実態を押さえながら計画し、授業の後も各教科等や日常生活における学びへとつながるような指導を求めているのです。

> (3)　児童が自ら道徳性を養う中で、自らを振り返って成長を実感したり、これからの課題や目標を見付けたりすることができるよう工夫すること。その際、道徳性を養うことの意義について、児童自らが考え、理解し、主体的に学習に取り組むことができるようにすること。

道徳性とは、基本的には子供たちが自ら感じ、考え、判断し、行動へと移しながら、子供たち自らが成長させていくものであり、その支援をするのが学校における道徳教育です。そのためには、子供たちが自らの道徳的成長や学んでいることについてしっかりと振り返ったり見つめたりすることが必要です。その中で成長している部分を実感するとともに、自分の中にある課題を見いだし、それを追い求めていこうとする心を育てていくことが求められます。そのためには、子供たちが自らを見つめたり、振り返ったりするための媒体が必要になります。それが「道徳ノート」だと言えます。

ここで求めているのは，まずは子供たち自らが，自己を評価し，自己課題を見いだし，さらにそれを追い求めながら（自己指導），自己成長していけるようになることをねらって，日々の授業が行われていくということを確認することです。
　したがって，道徳の授業においては，子供たちに寄り添いながら，子供たちの心と対話しつつ，思いを引き出し，展開していくことが求められるのです。

> (4) 児童が多様な感じ方や考え方に接する中で，考えを深め，判断し，表現する力などを育むことができるよう，自分の考えを基に話し合ったり書いたりするなどの言語活動を充実すること。

　「特別の教科　道徳」においては，子供たちが自らの考えや道徳的な見方を発展させていくことを目指しています。それは，友達との話合いや様々な教材に接することによって，より活性化されます。また，「特別の教科　道徳」で耕される内面的な道徳的判断力や心情，意欲・態度は，事後においていろいろな場面で応用されていくものでなければなりません。そのためには，授業の中で取り上げる道徳的な事象や状況に対して，様々な立場から考えを深め，自分ならどうするかといったことについて学ぶことが大事です。そのような一連の教育活動は，言語活動を通して行われます。したがって，人との対話，教材との対話，自分自身との対話を総合した言語活動が，道徳の授業には求められます。
　これからの授業においては，「主体的・対話的で深い学び」を目指していくことになります。道徳の授業においては，自分のこととして考えながら事象を捉えること，さらに，友達と話し合ったり自分との対話を深めたりしながら，より深い学びへと導かれるように工夫するのです。より深い学びは，自己との対話を深め，今まで気付かなかっ

た自分や考え方等に気付き、それを事後において追い求めようとする心の動きを起こさせ、事後のさらなる学びへとつなげていくことによって可能になると言えます。

> (5) 児童の発達の段階や特性等を考慮し、指導のねらいに即して、問題解決的な学習、道徳的行為に関する体験的な学習等を適切に取り入れるなど、指導方法を工夫すること。その際、それらの活動を通じて学んだ内容の意義などについて考えることができるようにすること。また、特別活動等における多様な実践活動や体験活動も道徳科の授業に生かすようにすること。

　道徳の授業を充実させるポイントとして、①発達段階を考慮すること、②問題解決力を身に付けること、③学んだことを実際の生活へとつなげること、が挙げられます。詳しくは後述しますが、ここに「特別活動等における多様な実践活動や体験活動も道徳科の授業に生かす」と書かれていますが、それは一言で言えば、豊かな体験と内面を耕す道徳の授業とを響き合わせることです。特別活動は、望ましい集団活動を通して内面を育てていきますし、総合的な学習の時間においては子供たちが主体的に探究的な学びを深めることが目指されます。道徳の授業は、週に１時間ですが、そこを媒介として、特別活動や総合的な学習の時間、あるいは他教科における豊かな学びへとつながっていくことが求められます。

> (6) 児童の発達の段階や特性等を考慮し、第２に示す内容との関連を踏まえつつ、情報モラルに関する指導を充実すること。また、児童の発達の段階や特性等を考慮し、例えば、社会の持続可能な発展などの現代的な課題の取扱いにも留意し、身近な社会的課題を自分と

> の関係において考え，それらの解決に寄与しようとする意欲や態度を育てるよう努めること。なお，多様な見方や考え方のできる事柄について，特定の見方や考え方に偏った指導を行うことのないようにすること。

　今日，様々な社会的課題，学校課題，個人的課題が押し寄せてきています。それらは，いずれも子供たちがこれからの社会をいかに生きるかに関わる課題です。そのような課題を，子供たちが自らの特質を生かし，どう生きるかに関わる課題と捉えるならば，道徳教育の重点課題として取り組むことができます。そのことによって，様々な課題が子供たちの中において，将来をよりよく生きるというところに統合されていくと考えられます。

　そのような視点から，「特別の教科　道徳」を要として関連する様々な教育活動や日常生活と関連をもたせて長期的に計画的な指導を行うことが求められます。総合単元的な指導計画を具体化することによって，これからの社会を乗り切り，かつ自己の成長を促していける教育が可能となると言えます。

　なお，ここでは特に情報モラルについての指導を求めています。情報モラルは，情報社会における留意事項的な指導が行われることが多いです。それは大切な部分として押さえた上で，道徳教育で取り上げる場合は，未曾有の可能性を秘めた情報化社会において，自分らしい生き方をどのように拓いていくかについてしっかりと考えられるようにしていくことが大切です。

> (7)　道徳科の授業を公開したり，授業の実施や地域教材の開発や活用などに家庭や地域の人々，各分野の専門家等の積極的な参加や協力

> を得たりするなど，家庭や地域社会との共通理解を深め，相互の連携を図ること。

　道徳教育は，様々な人々の協力を得ることで，より大きな教育効果が期待されます。その要である「特別の教科　道徳」においては年間を通して，地域の人々や保護者，専門家や専門機関とともに教職員全員が関わりながら授業を計画し，展開していくことが大切です。授業で扱われる教材もグローバルな視点から考えると同時に，地域的課題や学校的課題，個人的課題などにも配慮する必要があります。それらの指導において，適宜，地域の人々や保護者，専門家や専門機関などに協力をいただき授業を充実させ，事後も発展的に学んでいくことができるように工夫することが求められます。そのことによって，「特別の教科　道徳」が「チーム学校」の先導役を果たすことができます。

第2節
道徳教育推進教師に特に期待される取組

Q 道徳教育推進教師の役割や期待される校内での取組について教えてください。

第1章　総　則
第6　道徳教育に関する配慮事項
　　道徳教育を進めるに当たっては，道徳教育の特質を踏まえ，前項までに示す事項に加え，次の事項に配慮するものとする。
1　各学校においては，第1の2の(2)に示す道徳教育の目標を踏まえ，道徳教育の全体計画を作成し，校長の方針の下に，道徳教育の推進を主に担当する教師（以下「道徳教育推進教師」という。）を中心に，全教師が協力して道徳教育を展開すること。なお，道徳教育の全体計画の作成に当たっては，児童や学校，地域の実態を考慮して，学校の道徳教育の重点目標を設定するとともに，道徳科の指導方針，第3章特別の教科道徳の第2に示す内容との関連を踏まえた各教科，外国語活動，総合的な学習の時間及び特別活動における指導の内容及び時期並びに家庭や地域社会との連携の方法を示すこと。
第3章　特別の教科　道徳
第3　指導計画の作成と内容の取扱い
2　第2の内容の指導に当たっては，次の事項に配慮するものとす

る。
(1) 校長や教頭などの参加，他の教師との協力的な指導などについて工夫し，道徳教育推進教師を中心とした指導体制を充実すること。

　道徳教育推進教師は，学校の道徳教育を充実させていく上で，リーダーの役割を担うものです。道徳教育は，学校教育全体で取り組むものであること，その要として「特別の教科　道徳」が設置されていること，家庭や地域社会と連携して大きな成果が期待できること，等を踏まえて充実策を考えなければなりません。それは大変なことです。だからこそ，協力体制が必要なのです。特に求められることとして次のことがあります。

1　研修計画の作成

　まず，しっかりとした研修計画をつくることです。授業公開を基にした研修はもちろんですが，全体計画や年間指導計画，評価に関する研修も位置付けておく必要があります。
　また，研修会の在り方についても決めておくことが大切です。よく行われる方法に，授業研修の場合は，事前に観察のポイントを決めておく。それに関わって気付いたことを付箋に書き，模造紙に貼っていく。それを基にして議論をしていく。というものです。
　そして，記録を残していくことも大切です。授業者は研究会の内容を踏まえて再度学習指導案をつくり，記録と一緒に残していくことも考えられます。そのことによって，より実りある研修になっていきます。

2　道徳教育が学校全体で取り組まれるための提案を行う

　みんなと協力して道徳教育に取り組んでいくには，みんなで取り組める事柄に対して積極的に提案していくことが大切です。
① 　学校，学級の環境整備に関する提案
　玄関に道徳教育目標を貼る，廊下に道徳コーナーを設ける，教室にも道徳コーナーを設ける，毎朝黒板に道徳的な名言や励ましの言葉を書いておく，毎回の道徳の授業のねらいと教材と中心場面の挿絵を短冊に書いて貼っていくなど，様々な方法が考えられます。
② 　道徳ノートづくりの提案
　これからの道徳教育は，繰り返しになりますが，子供たち一人一人が自己の成長を実感し自己課題を見いだし取り組んでいけるように支援していくことが不可欠になります。その大きな役割を果たすのが道徳ノートです。「特別の教科　道徳」の授業で使用するのみならず，事前や事後の学習で，気付いたこと，考えたこと，取り組んだことなども記入できるようにすることが求められます。それをどのような形式にするのか，また，どのように記入するように指導するのか，さらにどのように点検していくのか，といったことも話し合う必要があります。
③ 　授業づくりについての冊子づくりの提案
　また，先生方が一番悩んでおられるのは，「特別の教科　道徳」の授業をどのように行えばよいのかについてです。その理由は多くありますが，基本的には道徳について十分に習っていないことが挙げられます。大学でも２単位（１単位）分しか学んでいない先生がほとんどです。現状では，教師になって一から学ぶという先生も多いと考えられます。つまり，学校現場で研修を充実させないことには，道徳の授業に自信がもてないのです。

そこで，道徳教育推進教師は，道徳の授業研修を計画するだけではなく，基本的なポイントをまとめた冊子をつくろうと提案することが求められます。そのことによって，研修にも身が入ってきますし，日々の授業が充実してきます。

　その際，板書計画との関わりで取り組んでいくと，効果的です。授業の全体をイメージしながらポイントを押さえた授業をつくることができます。

④　教材の確保，開発，整備に関する提案

　これからの道徳の授業では，教科書が使われますが，同時に郷土資料や学校独自の資料などを開発して一緒に使っていくことが大切です。道徳教育は，子供たちの日々の生活や学習と関わらせて取り組んでいくものだからです。郷土資料や学校独自の資料の開発，各時間に使う挿絵や教具を協力して作成し，共有化する。それらの保管場所を確保する。といったことを積極的に提案していく必要があります。

⑤　教科における道徳教育研究の提案

　ほとんどの教師は，それぞれに専門の教科をもっています。その専門の教科と関わらせて道徳教育を考えることは，一番興味をもたれることでもあります。各教科の学習は，必ずよりよい人間形成とよりよい社会づくりに関わります。この学習を通して，それらにどのように役立つのかという視点から，各教科の教材研究や授業づくりを考えることによって教科の本質がよく見えてきますし，道徳教育そのものの理解も深まっていきます。

⑥　豊かな体験の充実と総合単元的な指導の提案

　道徳教育で一番大切なことは，心で感じることです。それが豊かな体験ということになります。道徳的な事象や状況に対して，深く感じ，考え，主体的に対応していくことによって，人間としての成長が図られます。重点的な目標や社会的課題，学校や学級が抱える課題等について，1〜2か月くらいを単位として，道徳の授業と関連する教

育活動とを密接に関わらせた指導について提案することも求められます。

⑦　困っている教師への援助の提案

　特に道徳教育からの対応が求められるのは，困っている教師に対するサポートです。学級経営がうまくいっていない教師は，子供たちと心の交流ができていない場合が多いです。そこに着目し，道徳の授業を中心として改善を図っていくのです。例えば，今年のテーマとして道徳教育と学級経営の関連について研究しましょう，などと提案する。そして，いくつかの学級を重点研究学級として，そのクラスも含めるようにする。そのことで，みんなで応援することができます。

⑧　図書館の充実への提案

　子供たちの道徳学習を刺激するには，読書指導を欠かすことができません。取り組みたいのが，図書館の活用です。各教科等においては，図書館を利用した学習を積極的に取り入れています。「特別の教科　道徳」の道徳学習においても，図書館を積極的に利用するように働きかけていく必要があります。

　例えば，道徳の教科書と関わりのある本を整備し，道徳コーナーを設ける。伝記物や道徳教育に関する図書の紹介を行う。道徳の授業も時には図書館を使って行う，といったことも提案することができます。

⑨　PTA活動や地域での活動への提案

　保護者や地域の人々に，いかに道徳教育に興味をもってもらえるようにするかも大きな課題です。まず，学校で取り組む道徳教育について，保護者や地域の人々にいかに広報していくかです。その中で，PTA活動や地域の人々の活動についても紹介していく必要があります。そのことによって，より興味をもって広報誌を見てくれますし，自分も参加したいという気持ちを高めてくれます。

　そして，魅力的な活動を企画する必要があります。企画を提案する

こともする必要がありますが，企画を考えましょうと提案することも重要です。保護者や地域の人々が主役になって道徳的なことを学び，取り組んでいけるように働きかけていくのです。基本は，保護者や地域の人々が主体的に楽しみながら取り組んでくれることです。そのための活動を，一緒に考えていくことが大切です。

⑩　幼稚園，小学校，中学校との連携

「チーム学校」を実現するためにも，近接の幼児教育機関や学校，教育の専門機関や専門家との連携が不可欠です。そのことに関して具体的な課題を設けて研修会を行うことが重要です。近接の学校や専門機関，専門家等との交渉は，校長や教頭に任せるとして，具体的な取組等についてはリーダーシップを発揮する必要があります。「特別の教科　道徳」の交換授業を行う，道徳性の育成を重視した合同の体験活動を行う，地域主体で道徳教育フェスティバルのようなものを企画する，といったことなどを積極的に提案していく役割も，道徳教育推進教師に課されていると考えられます。

第3節
学習指導要領が期待する「特別の教科 道徳」の学習指導過程を読み解く

Q 「特別の教科 道徳」の特質を生かした学習指導過程の工夫とは具体的にどのようなものですか。ポイントを教えてください。

「小学校学習指導要領解説 特別の教科 道徳編」においては、学習指導過程について、以下のように記されています。これを踏まえ、以下に授業を充実させるためのポイントを示していきます。

第4章第2節2(1)イ
(エ) 学習指導過程を構想する

　ねらい、児童の実態、教材の内容などを基に、授業全体の展開について考える。その際、児童がどのような問題意識をもって学習に臨み、ねらいとする道徳的価値を理解し、自己を見つめ、多様な感じ方や考え方によって学び合うことができるのかを具体的に予想しながら、それらが効果的になされるための授業全体の展開を構想する。

　また、学習指導過程の構想に当たっては、指導の流れ自体が、特定の価値観を児童に教え込むような展開となることのないよう、児童が道徳的価値に関わる事象を主体的に考え、また、児童同士の話合いを通してよりよい生き方を導き出していくというような展開も効果的である。

1 「特別の教科 道徳」の授業を充実させるための基本的押さえ

(1) 授業を充実させるための留意点

「特別の教科 道徳」の授業を充実させるための留意点として，まず，子供たちがどうすれば集中してくれるかを考えることです。道徳の授業は，知識や技能を教えるのが主ではありません。教材が提供する道徳的事象や道徳的状況に子供たちが興味をもつ。そして，主体的に考えてくれることによって，授業が成り立つのです。

つまり，みんなで話し合おうとする事柄や事象に興味関心をもってくれる，そして集中してくれる。そのことが実感できれば，八割方，子供たちの道徳性の育成が図られていると考えてよいと思います。

そのためには，何が大切かというと，子供の立場で，自分がこの授業を受けるのであれば，どうすれば楽しめるかを考えるのです。やはり楽しむということを考えないと，道徳の授業が苦痛になります。

もちろん，深刻なことを話し合ったりもするわけですから，楽しいばかりではありませんが，そこには心のゆとりが必要です。心のゆとりは，その場を楽しもうとするところから生まれます。それはおもしろいことを言うということではなく，「こういうことも分かってきた，へぇー」などと，わくわく感をもちながら，話合いを深めていくことです。

教師自身が「この資料を通して，自分はどういうところを学んでいけるのだろうか」「どういうところを話し合ったら，もっと興味をもてるだろうか」「それをみんなと一緒に話し合ってみよう」という形で，主体的に教材研究をしてほしいのです。

さらに，1時間だけの授業で終わるのではなく，授業後の取組も考えます。授業で気になる子供がいたら，事後に話しかけるのです。授業を通して子供たちを指導していくというのは，限界があります。そ

こで，今日の授業中悩んでいると感じた子供，あるいは乗ってこなかった子供に注目する。その子は，何か違う意識をもっているわけですから，個別に対応していくことによって，内面がよく分かるようになります。そして，その子の課題も見えてきます。

(2) 授業を充実させる指導過程の評価を押さえる

次に，大切なことは，授業を充実させる指導過程の評価について，しっかり押さえておくことです。

道徳の評価への関心の多くは，子供たち一人一人の評価を通知表にどう書くかということにあります。しかし，あまり一人一人の評価ということを授業の中で考えていると，教師が意図した一時間の授業をうまく進められないこともあります。

一つの流れの中で授業をしていくことが大切です。導入，展開，終末において，授業の流れのポイントをしっかり押さえていく必要があります。それは，もちろん子供たちの姿で見て進めていくのですが，ここでは，一人一人というよりも全体で見ていくということが求められます。

2 「特別の教科 道徳」の教科書の活用

これからの道徳の授業は，教科書を基に行われます。したがって，これから求められる教材は，使用する教科書をいかに補充していくかということが主になります。

道徳の教科書は，いずれもこれからの道徳教育を見据えた魅力的なものが開発されています。しかし，それを使うのは，それぞれの学校の子供たちであり，先生方です。教科書を子供たちにとって，一生の宝物となるような，より魅力的なものにしていくことが大切です。

(1) 教科書を子供たちにとってより魅力的なものにしていく

教科書が子供たちにとって魅力的なものになるには，子供たちが，

いかに教科書の内容と対話し，自分を成長させられるかがポイントになります。自分にとって魅力的な道徳の教科書になるかどうかは，教科書を見ることによって，心を鼓舞されたり，楽しくなったり，考えさせられたり，確認させられたりと，自分の生活や生き方と関わらせて対話ができるかどうかです。教科書の内容との心の対話が深まれば深まるほど，子供たちにとって魅力的な教科書になっていきます。

　道徳の授業を充実させるには，まず子供たちが使用する教科書に愛着をもち，いつも側に置いて見てみたいという意識をもてるように働きかけることです。それには，オリエンテーションを工夫したり，各教科等の授業でも使ったり，日常的に教科書の内容を話題にしたり，授業においても関連するページを紹介したり，直に記入できるところを丁寧な字や絵などで描くように促したりすることが考えられます。

　さらに大切なのは，教科書の内容をより魅力的になるように膨らませてあげることです。例えば，道徳ノートを用意して，郷土資料や学校の独自資料などを授業で積極的に取り上げ（主教材としてだけではなく補助教材としても），それを貼っていくようにする。また，教科書に掲載されている教材を使うときも，内容に関係する補助教材や関連する情報，写真などを用意して，ノートに貼るようにしていくこともできます。

　そして，何より大切なのは，その教科書を使った授業をノートに記録できるようにすることです。できれば，板書を写真に撮ってノートに貼れるようにしたり，板書計画を授業後に整理し直し，帰りの時間までに印刷して配り貼ってもらうようにしたりすると，一層興味をもってくれます。そして，授業で考えたことや授業後に考えたことなども書いてくれるようになります。

　また，授業との関連で，自分で調べたり取り組んだりしたことや，自分が見つけてきた新聞記事や情報なども貼れるようにすると，教科書がさらに魅力的なものになっていきます。

そのことを通して，自己の成長を実感することができます。

(2) 教師や保護者にとっても魅力的な教科書にしていく

　教科書が子供たちにとって魅力的なものになると同時に，教師もまたその教科書を魅力的に感じるようにしていかなくてはいけません。道徳教育は，心と心の通い合いをベースにすることから，その媒介となる道徳の教科書に子供と同じように魅力を感じ，より魅力的にしていこうと工夫することが，道徳の授業をより充実したものにしていきます。教科書の内容を媒介にして，いろいろと調べたり取り組んだりしたことを教師自身のノートにメモし，その一部を子供たちに伝えて共有化することによって，心の通い合いはより深まっていきます。

　このような取組に，保護者も巻き込むこともできます。学級通信などで道徳の教科書の内容を紹介したり，その授業についても意見をお願いしたりすることを積極的に取り組みたいです。

　「特別の教科　道徳」の教科書は，子供と教師と保護者の三者が共通教材として活用できるようにしていく工夫が求められます。

3　多様な学習指導過程を組み立てる基本

　多様な学習指導過程については，いろいろな提案がなされています。それらは全部意味があります。そのことを踏まえた上で，多様な学習指導過程を組み立てる基本的な押さえをしてみたいと思います。それは，「特別の教科　道徳」の目標にある三つのキー・ワード（道徳的価値の理解，自己を見つめる，物事を多面的・多角的に考える）をうまく絡めながら，多様に授業を組み立てることです。

　例えば，次のようなことが考えられます。

(1)　自己を見つめる①→道徳的価値の理解①→物事を多面的・多角的に考える①→道徳的価値の理解②→自己を見つめる②→物事を多面的・多角的に考える②→………

(2) 道徳的価値の理解①→物事を多面的・多角的に考える①→道徳的価値の理解②→自己を見つめる→物事を多面的・多角的に考える②→………

(3) 物事を多面的・多角的に考える①→道徳的価値の理解①→物事を多面的・多角的に考える②→道徳的価値の理解②→自己を見つめる→………

それぞれの②はより深めることを意味します。なお「自己を見つめる」も「自分たちを見つめる→自分を見つめる」といった方法も加えて，考えていく必要があります。

例えば，(1)で見ていきますと，「親切にされて嬉しいと思いましたか」と問いかける。すると，自分の今までを振り返ります。自己を「見つめる」の①になります。いろいろ出してもらいながら，「そうね，じゃ思いやりってどう考えたらいいのかな，親切にするということはどういうことなのかな」と，問いかけ課題意識をもたせようとします。それは，「道徳的価値の理解」の最初の段階①です。

では，そのことについて今日はこの教材（読み物が多いです）から考えてみましょう，という形で，教材に描かれている道徳的事象や状況について，多様に考えられるようにします。それが「物事を多面的・多角的に考える」となります。そこで出てきた意見を整理することによって「道徳的価値の理解」を深めていきます。それが「道徳的価値の理解②」となります。子供たちの意見はどれも価値があると捉え整理していく。整理することによって，ねらいに関わる道徳的価値に関して，理解を深めていきます（道徳的価値の理解②）。

そこから自分自身を見つめてみる（自己を見つめる②）。今日の学習でこういうことが大切だと発見した，改めて確認した，ということも「自己を見つめる」ことになります。

そこで終わるのではありません。さらに，自己課題を見いだして，事後に追い求めようとする意欲を培っていくことになります。それ

は，日常生活における様々な道徳的事象や状況において「物事を多面的・多角的に考える」ということになります。つまり，授業を離れて日常生活でのいろいろな場面において，自分の対応の仕方をしっかり考えるように発展させていくのです。

　例えば，(2)ですと，まず，思いやりってなんだろうと問いかけてみます。「道徳的価値の理解①」です。そこから，資料を提示し，思いやりについて深く考えてみようとなります。これが「物事を多面的・多角的に考える①」ということになります。そこから，意見を整理し「道徳的価値の理解②」を深めます。その視点から「自分を見つめ」ます。そして，自己課題を見いだし，事後へとつなげていきます（「物事を多面的・多角的に考える②」）。

　要するに，三つのキー・ワードをどういう状況で考え結び付けていくかを基本に考えることで，道徳の授業が深まっていきます。

　この三つのキー・ワードを道徳の時間だけで考えるのではなくて，事前，事後とか，各教科や特別活動とか，総合的な学習の時間もひっくるめてサイクル的に考えることが求められます。そのことによって，道徳の授業がパターン化することを防ぐと同時に，道徳の授業の効果が全教育活動や日常生活の中により反映されていくようになります。

第4節 学習指導要領が求める「特別の教科　道徳」の授業づくりを読み解く

Q 「特別の教科　道徳」の授業づくりの基本と構想のポイントを教えてください。

第1章　総　則
第6　道徳教育に関する配慮事項
2　各学校においては，児童の発達の段階や特性等を踏まえ，指導内容の重点化を図ること。その際，各学年を通じて，自立心や自律性，生命を尊重する心や他者を思いやる心を育てることに留意すること。また，各学年段階においては，次の事項に留意すること。
(1)　第1学年及び第2学年においては，挨拶などの基本的な生活習慣を身に付けること，善悪を判断し，してはならないことをしないこと，社会生活上のきまりを守ること。
(2)　第3学年及び第4学年においては，善悪を判断し，正しいと判断したことを行うこと，身近な人々と協力し助け合うこと，集団や社会のきまりを守ること。
(3)　第5学年及び第6学年においては，相手の考え方や立場を理解して支え合うこと，法やきまりの意義を理解して進んで守ること，集団生活の充実に努めること，伝統と文化を尊重し，それらを育んできた我が国と郷土を愛するとともに，他国を尊重すること。

1　小学生の発達段階に応じた指導のポイント

(1)　小学校低学年

　低学年においては，特に体験を通しての道徳教育が大切です。生活科が設置されているのも生活することを意識することを通して，生活するとはどういうことかを体験を通して学び，自立への基礎を養うためです。そのことを踏まえて，特に大切なこととして次のことが挙げられます。

　この時期の子供たちは，考えることも大切ですが，感じることを大切にした道徳教育を重視する必要があります。特に共感的指導を大切にしたいです。道徳の授業で心を動かし，日常生活や様々な学習活動において多様な体験をしながら，道徳の授業で感じたこと，考えたことを実感していくようにすることが大切です。

　例えば，教材の世界をどっぷり味わいながら，日常の生活場面を見つめてみるような工夫をします。擬人法的に自然の世界が描かれているような教材を用いて，自然の世界をじっくり味わった後，外に出て植物の芽や花に話しかけながら，教材と同じような思いでその芽や花を見ることができるようにしていく，といった指導過程を組むこともできます。

　自分たちの生活を見つめながら道徳的な課題に気付き，さらに，読み物教材等に描かれる実物に触れたり，役割演技等を活用したりして，教材の世界に入り込ませながら，自分たちの生活においてもそのような気持ちを追い求めるように働きかけていきます。

　また，教材が提起する問題場面に対してどうすればいいのかをみんなで話し合い，自分たちの生活や行動を見つめ直すような授業も工夫したいです。そして，特に，道徳の授業と，学級活動，生活科との連携を図っていきます。

(2) 小学校中学年

　この時期においては，心身の発達や思考力，興味・関心などの発達により，関心が外へ外へと向いていくことから，相手の立場に立って考える力の育成を重視します。関心が外に向くということは，物事を広い立場から考えられるようになるということです。相手のことについても，いろいろな側面から考えることができます。そのような視点から，自分を見つめるようにするのです。物事や他者に興味をもち，いろいろと批判もできるようになる。そのベクトルを自分に向けられるようにするのです。そこから，他者の気持ちを理解しながらの対応を考えるようになると言えます。

　また，集団意識が増すことから，自分たちのクラスをよくしていきたいという意識を常にもたせる。そして，そのためには，どのような課題があるかに気付き，そのことを深く考え，具体的実践へとつなげる道徳学習を積極的に行えるようにします。特に，道徳の授業を通して，どのような学級を理想とするのかについて子供たちの意識を覚醒していく必要があります。それを道徳の授業で行い，その具体化に向けて学級活動で話し合うという方法も積極的に取り組みたいです。

　さらに，地域に関する関心も高まります。社会科や総合的な学習の時間で地域の学習が行われます。それらと関わらせて，「特別の教科　道徳」で，生き方（道徳的価値）との関わりで地域と自分を捉え直し，積極的に地域に関わっていけるように，事後の生活や学習活動につなぐ授業を計画することが考えられます。

　そして，中学年になったプライド意識を育むことで，日常生活や学習活動に積極的に関われるようにすることが大切です。

(3) 小学校高学年

　この時期は，知的関心や，理想を追う姿勢も高まることから，それらを生かした指導の工夫をします。高学年としての自覚をもって生活ができることが大切です。学校全体のことや下級生のことを考えなが

ら自覚ある行動ができるように，道徳の授業と日常生活や様々な学習活動をつなげていきます。

いじめや社会的問題などについても，特に，学級活動や総合的な学習の時間での取組と関連させて道徳の授業を位置付け，話合い活動を活性化させながら道徳的価値の自覚を深め，具体的にどう対応していけばよいのかについて，より主体的に，より創造的に考え実行できるように，プロジェクト型の道徳学習や総合単元的な道徳学習を工夫していく必要があります。

このような学習を深めるためには，教科における知的な学習と関連させることが効果的です。自らの知的興味を喚起させながら，自分たちの生き方に関する学びを深めていくことが，この時期，特に大切です。

また，偉人に対する関心が高くなることから，憧れとして何人かの人物を心に宿すことができるようにすることも大切です。そして，日常的に心での対話ができるように働きかけます。

さらに，世界に関心を向けながら自分たちの生活や生き方を考えられるようにしていくことも大切です。そのためには，日常的に外国への関心をもたせるような取組が必要です。道徳の授業で道徳的価値意識を深めて，実際の生活での国際理解・国際交流へとつながっていけるような指導が求められます。

なお，高学年においては，自分たちで道徳の教材を見つけてきて，話題にしていけるような意識の覚醒も図りたいです。道徳の授業で，高学年としてのプライド意識を育み，学校をよくしていくために積極的に関われるように，道徳学習を充実させていくのです。例えば，1年生や2年生の子供たちに向けた学校を愛する心を育てる教材づくりを総合的な学習の時間の取組として行い，その後，実際に各クラスに行って，先生と一緒に道徳の授業を行うといったことも考えられます。実際にこのような取組を行った学校もあります。そのときに，自

分たちが創った低学年用の教材を使って，自分たちのクラスで授業をしてみると，大変な盛り上がりがあり，深まりのある授業が展開できたということでした。

2 自我関与を重視した授業

　まず，「特別の教科　道徳」の目標にある，道徳的価値の理解を深める，道徳的価値に照らして自己を見つめる，道徳的価値に照らして物事を多面的・多角的に考える，という三つを踏まえた授業を考える必要があります。そのためのポイントとして，次の５点を押さえた授業を工夫することが考えられます。

　第１は，多様に心が動くようにすることです。道徳の授業は，心と心の響き合いをベースに取り組む必要があります。心が響く，心が動くというのは，そこに道徳的価値が介在しているからです。したがって，道徳の授業においては，教材を通して，問いかけ（発問）を通して，話合いを通して，活動を通して，心が動くようにすることが大切です。つまり，心が動く教材を使用する，心を動かす発問を工夫する，話合いの内容や話合いそのものを心が動くようなものにしていく，役割演技や実践的な活動も心が動くようなものを考える，といったことが求められます。

　第２は，心が動くおおもとを押さえる（どうしてそのように感じたのか等）ことです。授業においては，道徳的価値について深く考えられるようにすることが大切です。そのためには，読み物教材であれば自分自身が一番心を動かしたところを，話し合ったり考えたりすることによって道徳的価値についての理解を深めることができます。その場面や事柄を子供たちと話し合うのです。そのことが子供たちの道徳的価値の理解を深めていきます。このときにねらいと違う価値が出てくることが多くあります。それは主価値に対する副価値と捉えられます。

主価値を副価値と関わらせて捉えることによって，子供たちは，主価値に対してより深く捉えることができ，その視点から自分を見つめることによって，今まで気付かなかったことに気付いていきます。そして，日常生活ともよりつなげやすくなります。日常生活での価値の実現は多くの価値が関わり合っているからです。

　第3は，状況について（背景も含めて）道徳的価値に照らして多様に考えます。それと合わせて大切なのが，今話題にしていることがどのような状況の下で起こっているのかについてイメージをふくらませることです。そして，どうしてそのようなことが起こるのか，どうしてそのようなことができるのか，といったことを，道徳的価値と関わらせて捉えられるようにするのです。このことは，上述の心の動きが起こるおおもとを押さえる話合いと同時に行われることが多いです。そのことによって，より道徳的価値についての理解を深めることができ，人間の心についてより深く捉えることができます。と同時に自分の生活や体験等とより関わらせて捉えられるようになります。

　第4は，その視点から自己や自分の生活や社会を見つめて自己評価を行い，課題を見いだせるようにします。教材を通しての話合いや，思考を通して道徳的価値についての理解を深めます。そして，その視点から自分を見つめることが大切です。道徳的価値についての理解を深めていればいるほど，自分を深く見つめることができます。そして，自分の中で育まれている道徳的価値の状態について，成長を実感するとともに，自己課題を見いだせるようにします。

　その自己課題の追究を行うには，自分の生活を見つめ直す必要があります。自己を見つめるということが，自分の価値観や生き方のみならず，現実の生活における取組へと関心が向くようにすることが大切です。

　その見つめ方も，今の自分，今までの自分，これからの自分という視点から見つめられるようにします。そのことによって，より深く自

分を見つめながら自己成長を図っていくことができます。

　さらに，自分のことだけでなく，みんなと一緒になって取り組んでいくことにも目を向けられるようにすることも大切です。そのためには，道徳的価値に照らして，自分たちの生活している場や集団，社会そのものを見つめ直しながら，自分はあるいは自分たちはどのようにすることが求められるのかについて，考えを深められるようにするのです。

　これらは，授業のねらいや使用する教材の特質に応じて柔軟に対応していく必要があります。以上のような視点をもちながら，この授業においては，どのような見つめ方が重要なのかを考えて授業を構想することが大切です。

　そして，**第5に，自己課題を事後につなげていけるようにすること**です。終末段階で自己課題をもつだけでなく，そこから事後の課題追究へと動き出せるようにすることが大切です。課題をもつということはそこから新たな学習が始まるということです。事後の道徳学習にどのようにつなげていくか。例えば，授業で使った資料や教具などを教室に掲示して，朝の会や帰りの会などで話題にする。また，学級活動や総合的な学習の時間とつなげていく，家庭での学習や自己学習を促していく（時には宿題を課す），といったことも考えられます。そのことを充実させるには，道徳ノートを持たせて，道徳ノートを通しての指導が求められます。

3　問題解決を重視した授業

(1)　基本的な押さえ

　なぜ，問題解決的な授業が求められているのでしょうか。それは，道徳教育の目標と関係します。人間としての自分らしい生き方をしっかり考え，それを基に，具体的な生活や学習活動の中で，道徳的事象

や状況に対峙し，乗り越え，よりよい自己と社会を創っていける子供たちを育てることが道徳教育の目標だからです。だとすれば，様々な道徳的課題や問題に対して解決していく力，一言で言えば，問題解決力を育てなければなりません。

　問題解決力を身に付けるためには，大きく二つのポイントがあります。「方法知に関する学び」と「本質知に関する学び」です。つまり，いじめなどの道徳的事象に対して，「どうしたらいいの」という視点から解決方法を考えられるようになることが必要です。そのことを深めるためには，「どうしてこうなったのか」という本質的な問いを深めていくことが大切です。そのことによって道徳的価値の理解や人間理解や状況理解などが深まっていきます。道徳の授業は，後者が主になりますが，前者もしっかりと取り組む必要があります。

(2) 道徳授業の工夫

　そう考えたときに，今までの道徳の授業は，「どうしてこうなったのか」の追究にばかり時間がとられ，「どうすればいいのか」に関わる学習は，あまりしなかったように思います。それは，むしろ特別活動の学級活動で取り上げるべきだという主張があります。実際，道徳の授業で方法知の学習に偏ると，処方箋を学ぶ授業になりかねません。最初に道徳的決断に関わる発問（どうすればいいのでしょう）をしておいて，前半部分で本質追究を，後半部分で方法追究をすることもできます。

　しかし，1時間で多くのことを盛り込むと表面をなでるだけの授業になりかねません。そこで，2時間続きの授業をしてみるとか，1時間目を「特別の教科　道徳」の授業で，「どうしてこのようになったのか」を中心に，あとの1時間を学級活動における道徳教育ということで「どうすればいいのか」についてじっくり話し合い，考える授業を組んでみる，ということもできます。

(3) プロジェクト型問題解決学習の取組

子供たちの道徳的課題や問題に関する解決力を育むためには、もっとダイナミックに問題解決的な学習、いわゆるプロジェクト型道徳学習を工夫する必要があります。そのポイントとして、次の点が挙げられます。

第1に、**問題意識をもつ**。取り上げようとする道徳的な課題や問題に対して、「どうしてだろう」「どうすればいいのだろう」という興味関心をもてるようにします。

第2は、**問題は何かを明確にする**。各自が問題意識をもつことは大切ですが、問題（課題）追究的な学習をしようと思えば、各自が課題を出す中で、共通した問題意識をもてるようにすることが大切です。

第3に、**問題を解決するためには何がポイントなのかを考える**。つまり、その問題を解決していくにはどのようなことを押さえなくてはいけないかを探ります。それは、どうしてこのようになったのかを追究することにもなり、本質を踏まえた解決策を考える源となります。

第4に、**具体的解決策について提案する**。具体的解決策については、全員で様々に出し合いながらいくつかに絞ります。そして、それぞれにグループで追究し提案へとまとめていく、といった方法が考えられます。なお、具体的な解決策においては、実際に取り組むことを前提にして具体的な実施計画も含めてまとめていくことが大切です。

第5に、**それぞれの解決策について吟味する**。それぞれのグループが考えまとめた解決策について、根拠や内容について発表し、議論します。

第6に、**だいたいの方向性を共有する**。それぞれの提案を聞き議論することを通して、解決策に向けてのだいたいの方向性をまとめていきます。一つにまとめられればいいですが、複数にまとめることもあっていいです。

第7に、**実践に向けて動き出す**。まとめた解決策を実践する段階で

す。その場合，実施計画についてみんなで検討し合い，共有化することが大切です。

第8に，実践した結果について話し合い，さらによい方法を考える。

以上のようなプロセスが考えられます。このプロジェクト型学習を遂行していく中で，日常生活においてそのような問題が起こらないような工夫を考えたり，注意したりするようになります。またそのことから，みんなの協力体制やまとまりも出てくるようになります。そのこともまた，プロジェクト型の道徳学習をする大きな利点です。

このようなプロジェクト型の道徳学習は，道徳の時間だけで行おうとすると多くの時間を取られてしまいますし，週1時間の授業をつなぎ合わせるだけでは効果的な学習はできません。1時間の授業では，第6くらいまでならばできるかもしれませんが深い学びは難しいです。道徳の授業では，第3が特に重要です。そこから第4について投げかけ，そのあとのことは学級活動や総合的な学習の時間等を使って追究するようなことを考えたいです。そのことによって，より本質的な問題解決的な学習ができます。

4　道徳的行為に関する体験的な学習を重視した授業

(1)　基本的な押さえ

体験的な授業が主張されるのは，道徳の授業が，授業だけのことと捉えて終わったり，自分の日常生活とは関係ないと捉えていたりする子供が多いと言われているからです。そこを改善していく必要があります。

まず大切なのは，実感すること，納得することです。そのためには，感覚器官を使って，感じ取ったり考えたり，実際に体験したりすることが必要になります。体験を通して，道徳的価値意識を自分と関わらせて感じ取り，より深く考えられるようになります。そのことに

よって，日常生活で具体的実践へとよりつなげやすくなります。体験を通して内面を育て，心（道徳性）と体（実践，表現）の一体化を考え，日常生活で実感することへとつなぐことを中心にする授業といっていいかと思います。

(2) 道徳の授業での工夫

そのために，道徳の授業では，どのような工夫ができるでしょうか。例えば，現実生活を実際に観察して課題を見つける，実物に触れる，本人に出会う，疑似体験をする（役割演技など），実際の場で考える，感じ取る（例えば，自然の中で教材の世界を実感して考える，実際の人々を観察しながら考える）などが考えられます。

さらに，実際にやってみて，その行為の意味を考え，また行為の仕方を考えるという授業も工夫できます。実感するということを，もっと広げて，道徳の授業の後で，具体的生活の中で実感できるように，事後に働きかけていくといったことも考える必要があります。逆に，道徳の授業の中で考えながら感じたことが，以前に感じたことと同じだと逆実感していく授業も考えられます。

このことによって，子供たち自らが実践へとつなげていける授業を多様に展開することができます。

第5節
総合単元的道徳（総合道徳）学習を工夫する

Q 総合単元的道徳学習のポイントについて教えてください。

1 基本的な押さえ

　「特別の教科　道徳」が道徳教育の要としての役割を果たすためには，重点目標や社会的課題，学校課題等に関して，関連する教育活動や日常生活等とを密接に関連させた指導計画を，1～2か月間くらいをスパンにして，総合単元的道徳学習（総合道徳学習）として計画し，取り組んでいくことが必要です。

　道徳教育は，全教科を通して行います。その要として「特別の教科　道徳」があります。もっと関係する教科等と関連をもたせて，道徳的課題を追究していける学習プログラムを開発していく必要があります。先ほど述べたプロジェクト型道徳学習をもっと発展的・総合的に展開するのです。それは，今回の改訂において，特に強調されるカリキュラム・マネジメントの核心になります。

　学校現場では，○○教育という課題が無数に出てきます。それに対して，全体計画や指導計画を作成しましょうとなると，大変です。そして，それらがバラバラになされると，先生方は大変な苦労をされます。苦労の割に効果が実感できないと，疲れが残ります。

　しかし，それらは，これからの社会において，よりよく生きていく

ための課題です。全て道徳的価値と関わりをもっています。それらは，バラバラではなく，「この変化の激しい社会で人間としてよりよく生きる」という点で結び付くわけです。だとすれば，道徳教育を中核にして取り組めば，容易に計画できますし，効果も響き合って上げていくことができます。つまり，道徳教育の重点目標として，取り組んでいけばいいことになります。そのプログラムをどうするか。総合単元的道徳学習は，そのことを容易にできるようなプログラムの開発を求めているのです。

「特別の教科　道徳」の年間指導計画においては，1時間1時間の指導計画とともに，複数の授業を関連付けたり，いろいろな教育活動と密接に関わらせて重点的に指導できるような指導計画を合わせてつくっていく必要があります。

また，「行動の記録」に挙げられる項目は，主に道徳性の行動面に現れた評価と捉えることができます。総合単元的道徳学習においては，1～2か月くらいの期間の中でいろいろな教育活動と関連させて取り組むことから，認知的側面，情意的側面，行動的側面について評価しながら，行動形成にまでもっていく指導を充実させていくことができます。

さらに，教師と子供たちが，日常生活をベースとして主体的に道徳教育をつくっていくことができます。例えば，最初の計画レベルで，まず教師がおおよその計画を示し，子供たちに付け加えるものがあるかを検討してもらい，付け加えていく。また，一人一人の個人的な目標を考えてもらうこともできます。

そして，計画を進める中で，随時評価を取り入れ，みんなで改善を図りながら取り組んでいくということもできます。その中に，家庭でも取り組めるように，各家庭で家庭目標をつくってもらうようにすることもできます。

それらを，「特別の教科　道徳」の年間指導計画に位置付けること

が大切です。

2 どのように計画するのか

　総合単元的道徳学習の計画は，多様に組むことができます。その基本的な手順を述べてみると，次のようにまとめられます。

① 総合単元的道徳学習名を考える

　　具体的に，全体を通してどこまで取り組みたいかが分かるようにしておくとよいです。例えば「思いやりの心をもって行動できるようになろう」など。

② 全体のねらい（指導のポイント）を明記する

　　総合単元的道徳学習の計画全体を通してどのようなことを指導するのかについて，そのポイントを三〜五つくらい書いておきます。

③ 関連を図る各教科等における道徳教育のポイントを明記する

　　ねらいに関わる気付きや考え，興味や関心等が連続的に発展するようにします。

　　各教育活動の特質や学習内容を考慮して，調べる学習，深く考える学習，道徳的価値の自覚を深める学習，実感する学習，表現する学習，体験する学習，実践する学習などを組み合わせ，響き合わせていくようにします。

　　朝の会や帰りの会，掲示，家庭や地域での学びなどを工夫します。

　　朝読書，1分間スピーチ，学級新聞づくり，新聞記事等の紹介，ドラマや映画の紹介，本の紹介，体験の紹介や問題・課題の投げかけ等も効果的です。

④ 子供たちの意識の連続性を考え「特別の教科　道徳」が要の役割を果たせるようにする

「子供の心の動き」という欄を設けて，総合単元のねらいに関して意識が深められたり，広げられたりするようにします。「特別の教科　道徳」が要であるという視点から計画の全体を子供たちの姿で具体的にイメージし，教育活動や日常生活をつなげていきます。

⑤　子供と一緒に道徳学習を深めていく（オリエンテーションをする）

オリエンテーションの中で子供たちも計画レベルで関われるようにします。保護者も巻き込めるようにしたいです。

⑥　総合単元的道徳学習用のノートをつくる

その間の学習について，授業だけでなく，授業後の取組や考えたこと，家で考えたり，取り組んだりしたことなども書けるようにします。

そして，自己評価や自己課題，自己指導に関する記述もできるようにします。

子供たち一人一人が自分の宝物をつくるという意識をもてるようにすると，より効果を上げることができます。

第4章

学習指導要領が目指す新しい「特別の教科　道徳」の授業【事例】

第1節
自我関与を重視した授業づくり

1　低学年：B－(8)　礼儀　［すごいね，あいさつパワー］

(1)　ねらい
あいさつには，みんなをニコニコといい気持ちにし，仲よしにするあいさつパワーがあることに気付き，自分から進んであいさつしようとする態度を育てる。

(2)　教　材
「たびに　出て」（出典：文部科学省『わたしたちの道徳 小学校1・2年』）

(3)　道徳的価値について
礼儀は，相手の人格を尊重し，相手に対して敬愛の念を表す心の表れであり，よい人間関係を築き，社会生活を円滑に営めるようにするために創り出された文化の一つである。礼儀正しい行為をすることで自分も相手も気持ちよく過ごせるようになる。

低学年においては，身近な人々と明るく接する中で，時と場に応じたはきはきとした気持ちのよいあいさつや言葉遣いなどを積極的にすることができるようにしたい。そのためには道徳科の授業において，はきはきとした気持ちのよいあいさつや言葉遣いを思い返し，あいさつが自分や周りの人たちを気持ちよくするとともに，あいさつによってみんなの心がつながっていくことを自覚し，自分から進んではきはきとしたあいさつをしようとする態度を育てていきたいと考える。

(4)　学習指導過程の実際
【導　入】

○　どんなときに，どんなあいさつをしていますか。
　・朝，校門で校長先生と「おはよう」とあいさつをしている。
　・学校で，教室で先生や友達に会ったときにあいさつをしている。
　・近所の人に出会ったとき，「こんにちは」と言っている。
○　今日は，あいさつをすると，どんないいことがあるのかを考えましょう。

【展　開】
○　あいさつ島にいるけいたは，あいさつについて，どのように考えていたのでしょう。
　・あいさつって，めんどうだな。
　・あいさつなんて，いちいちしなくてもいいのに。
　・あいさつをしなくても，相手がだれだか分かっているのに，どうしてあいさつなんてするのだろう。
○　木の上でけいたは，どんなことを考えていたのでしょう。
　・みんなから知らんぷりをされていやだな。
　・この島は，何だかみんなこわい顔をしているぞ。仲よしじゃないのかな。
　・あいさつ島はよかったなあ。みんながニコニコしていた。
　・あいさつなんていやだと思っていたけれど，やっぱり大事なのかな。
◎　あれだけあいさつがいやだったけいたが，自分からあいさつを始めたのはどうしてでしょう。
　・あいさつをすると，みんながニコニコとなるんだ。
　・あいさつでみんなをニコニコとさせたいと思ったから。
　・あいさつをすると，みんなが元気で仲よしになることを教えてあげようと思ったから。
　・あいさつでみんなが元気になったらいいなと思ったから。
　・あいさつで，この島が仲よしの島になったらいいなと思ったから。
（補助発問）

○　あいさつって，そんなにすごいのでしょうか。
　・あいさつをしたら，相手はニコニコと笑顔になるんだ。
　・あいさつには，みんなをニコニコさせる力がある。
　・あいさつをすると，それまであまり知らなかった人とも知り合いになれるんだ。あいさつパワーってすごいんだ。

【終　末】
○　では，あいさつには，本当にあいさつパワーがあるのか，やってみましょう。あいさつをするときとしないときとで，どんな違いがあるでしょう。
　・あいさつをしないと，何か悲しい気持ちになる。あいさつをすると，相手がにっこりと元気になって，自分もニコニコとしてくる。仲よしなんだなと思う。
　・あいさつをすると相手も自分もとても気持ちがよくなる。
　・あいさつをしないと，この人は友達じゃないと思ってしまう。相手のことを大切に思っていないように思う。

(5)　この授業のポイントと留意点

○　導入では，「あいさつをするとどんないいことがあるか考えよう」と問題解決的な学習となるようにすることで，児童の興味や関心を高めるとともに，主体的・対話的に取り組めるようにする。

○　自我関与を中心とした学習なので，けいたの思いに十分共感できるようにしたい。そして，けいたを通して，あいさつのいいところをみんなで考えられるようにしたい。そのためには，教師自身も，「いちいちあいさつなんかしなくてもいいよね」などと，最初のけいたの思いを強調していくのも効果的である。

○　低学年は，道徳性の発達から考えると，結果に目が向きやすい段階である。「あいさつをすると気持ちがよくなり，みんながニコニコとする。だから，あいさつはとても大切なのだ」といったことは，結果に注目した押さえである。これまでの児童自身の生活経験も思い出させながら自覚を図ることができるようにしたい。

○　そのためには,「あいさつパワー」という捉え方が低学年には有効である。「あいさつパワー」「友達パワー」「やさしさパワー」など,「○○パワー」として捉えることで,それぞれの道徳的価値を具体的に意識することができる。児童から出なかったときは,教師から「あいさつパワーだね」などと名前を付けるのもよいだろう。

　　また,このように「○○パワー」と具体的にイメージできるようにすることで,普段の生活の中でも「先生,あいさつパワーだね」などの声が上がり,あいさつの素晴らしさを日常生活においても自覚し,実践できることが期待される。

○　「あいさつパワー」には,相手をニコニコの笑顔にしたい,元気にしたいという思いが詰まっている。つまり,相手を大切に思う心が詰まったものである。礼儀は,「B　主として人との関わりに関すること」の内容である。Bの視点は,総じて,相手を尊重する心につながる内容である。そこで,あいさつは,相手をニコニコと元気にしたいという,相手のことを大切にする気持ちがこもっていることを押さえたい。

○　終末では,実際に友達同士であいさつをする「道徳的行為に関する体験的な学習」を取り入れる。いわゆる動作化であるが,あいさつの練習というより,中心発問で発見した「あいさつパワー」のいいところを実際に確かめてみるという活動である。

　　自由に歩き回りながら,あいさつをしないで通り過ぎるという活動と,一人一人の友達とあいさつをするという活動を行い,その違いを比べて話し合えるようにする。

○　時間があれば,どんな工夫をするとよいかについても考え,ニコッと笑顔であいさつをする,「やあ」と手を軽く挙げてあいさつをするなどのさり気ない工夫を考えられるようにしたい。ただし,行動の仕方やスキルの練習になってしまわぬよう,それらは,相手を大切にしようとしている心の表れであることを十分に確認し合いたい。

2　中学年：Ａ－(2)　正直，誠実［自分に正直］

(1)　ねらい

うそをついたりごまかしたりすることは，相手だけでなく，自分の心の中にある正直でありたいという心をごまかしていることであることに気付き，自分に正直に明るく生きていこうとする態度を育てる。

(2)　教　材

「まどガラスと魚」

（出典：文部科学省『小学校　道徳の指導資料　第３集（第３学年）』）

(3)　道徳的価値について

過ちや失敗は誰にも起こり得ることである。そのときに，自分が叱られたり不利になったりすることを避けようと，ついうそを言ったり，ごまかしをしたりすることがある。しかし，それでは何ら解決にはならない。逆にそのことが，相手や周りからの信頼を失ったり，自分自身の心の中に後悔や自責の念，強い良心の呵責などが生じたりするなど，健康的な生活からは益々遠いものとなってしまう。

児童が毎日を生き生きと自分らしさを発揮し，生活できるようにするためには，自己の過ちを認め，改めていく素直さと，何事に対しても誠実で真面目に，明るく楽しい生活を心掛けようとする姿勢をもつことが大切である。

低学年では，うそやごまかしをすると心の中がモヤモヤとして暗い気持ちになることや，うそやごまかしをしないことで明るい心で楽しく生活することができることを学んでいる。これを受け，中学年では，うそやごまかしをすることは自分自身を偽ることになることを押さえ，自分に対して正直であるからこそ，快適に生活ができることを自覚し，ごまかさず正直に生活していこうとする態度を養いたい。

具体的には，私たちの心の中には，ごまかそう，逃げ出したいとい

う気持ちと，ごまかしてはいけない，正直に生きようという気持ちの両方があり，まさに綱引きをしているといった捉え方を確認する。そして，自分を偽らない，あるいは自分に正直であるというのは，ごまかしてはいけない，正直に生きようという気持ちに正直であることを確かめ合いたい。

　ごまかそう，逃げ出したいという気持ちに負けず，自分に正直に生きることで，明るくのびのびと生活でき，やがては自らの誇りを大切にした生き方へとつながるのである。

(4) 学習指導過程の実際

【導　入】

○　うそをついたり，ごまかしをしたりするのはどうして間違っているのでしょう。
　・うそをつくと，お母さんや先生に叱られるから。
　・うそをついたままだと，ずっと，モヤモヤしたままでいやな気持ちになってしまうから。

【展　開】

○　ガラスを割って逃げる千一郎は，何を考えていたでしょう。
　・逃げてはいけない。謝らないと。
　・でも，見つかったら叱られるからな。こわいな。

○　ガラスを割った家を何度も見に行く千一郎は，何を考えていたでしょう。
　・家の人は，やっぱり怒っている。謝らないといけない。
　・でも，思い切り叱られそうだな。こわいな。

◎　あれだけ謝れなかった千一郎が，正直に言おうと決心したのはどうしてでしょう。
　・お姉さんはすごい。自分がいけないことだと思ったら，きちんと謝っている。それに比べて自分は，だめだな。
　・自分の中にも，正直でいようという心がちゃんとあるのに，それをこわいからとか叱られたらどうしようとか思って負けてしまっ

ている自分は情けないな。
- ・自分も，間違ったことはきちんと謝ろう。謝らないといけないことは最初から自分でも分かっていたし，謝ろうと思っていたのだから。

○ おじいさんからボールを返してもらった千一郎は，どんな気持ちだったでしょう。
- ・きちんと謝ることができて，気持ちがいいな。
- ・これからは，叱られたらいやだなと思わず，自分の中の謝らなければという心を大切にしよう。

【終　末】

○ 今までに，正直にできてよかったと思ったことはありますか。うそをついたり，ごまかしをしたりするのはどうして間違っているのでしょう。
- ・自分の心の中には，うそをついてはいけないという心とごまかしたいなという心の両方があって，その心が綱引きをしている。ごまかしたいなという心に負けず，うそをついてはいけないという心を自分が大切にできると，自信をもって，胸を張って生活できる。

(5)　この授業のポイントと留意点

○ 正直，誠実の内容項目は，発達の段階によって次のような特徴がある。

　　低学年……うそをついたりごまかしたりすると心が暗くなり，モヤモヤとする。正直でいると明るくのびのびと生活できる。

　　中学年……うそやごまかしは，自分の心の中にある正直でいようという心を偽ることになる。正直でいたいという自分の心に素直に行動することで，うそや偽りなく，すがすがしく快適な生活ができる。

　　高学年……正直でいることは，相手に対してだけでなく，自分自身の生き方や存在に対して誠実であることになる。

　　本授業は，中学年であることから，自分に対して正直であること

の快適さについてみんなで話し合いたい。
○　本時においても，導入で，「うそをついたり，ごまかしをしたりするのはどうして間違っているのでしょう」と問いかけ，問題解決的な学習の進め方を取り入れる。そして，授業の終末で，間違っている理由を児童と共に整理したい。特に，児童みんなで発見したという手柄にすることで，より主体的・対話的で深い学びとなるようにしたい。
○　自我関与の授業であるので，主人公の置かれている状況や思いに十分共感し，主体的・対話的に考えられるようにしたい。

　私たちの心の中には，正直でいたいという心が確かにある。千一郎もそうである。だからこそ，彼は，その場から逃げながらも「逃げちゃいけない」と思い，さらにそのあとも何度もガラスを割った家の様子をのぞきに行ったのである。ここをしっかりと押さえることが，中心発問で自分に対する正直さを考える大きなポイントとなる。
　また，千一郎の心の中の，ごまかそう，逃げ出したいという心と，ごまかしてはいけない，正直に生きようという心の両方があることを板書で表したい。何度ものぞきに行った彼の心の中で，この二つの心が綱引きをしていることや，児童自身が自分もそのような経験があることを確認し合いたい。そのことが，児童が読み物教材の登場人物に託して自らの考えや気持ちを素直に語る中で，道徳的価値の自覚を深めることにつながるのである。

○　中心発問では，児童から，「千一郎はお姉さんの真似をしたのだ」や「お姉さんは自分のことではないのに謝っている。千一郎は自分のことだから謝らなければならない」などといった浅い意見が出されることが想定される。「単に真似をしただけなら，もっと早くに正直に言っているのでは」「正直であることに対してお姉さんと千一郎とで，何が違ったのだろう」などの切り返しの補助発問を投げ掛けてみることで，児童の思考を深めたい。

3　高学年：B−⑾　相互理解，寛容［広い心をもち，違いを豊かさに］

(1)　ねらい

　人のせいばかりにするのは，自分にも足りないところがあるからであることや，意見の違いはよりよいものが生まれる豊かさにつながることに気付き，謙虚な心で互いを理解し合い，異なる考えや意見を大切にしようとする態度を育てる。

(2)　教　材

「ブランコ乗りとピエロ」

（出典：文部科学省『私たちの道徳　小学校5・6年』）

(3)　道徳的価値について

　私たちは，一人一人，意見も違えば考え方も違う。そしてその多様性が豊かな社会をつくる。それぞれの意見や考え方の違いを認め合い理解し合うことで，自らを高め，豊かな人間関係を築き，集団や社会も向上させていくことができるのである。

　しかし，私たちは，自分の立場を守るため，つい他人の失敗や過ちを一方的に非難したり，自分とは違う意見や立場を受け入れることができなかったりと自分中心に考え，行動する弱さをもっている。

　広い心をもち，自分と異なる意見や立場を尊重することは，違いが豊かさとなり，よりよいものが生まれるチャンスである。相手の過ちに対して，自分にも同様のことがあることとして広い心で受け止め，相手から学び，共に歩む姿勢を育てていきたいと考える。

　このことが，いじめの問題への対応になるとともに，多様な意見や考え方を生かした豊かな集団や社会をつくっていくことにもつながっていくのである。

(4) 学習指導過程の実際

【導　入】

○　友達と意見が対立したとき，広い心が大切なのはどうしてでしょう。

・対立のままだと，うまくいかないから。

・ずっと対立したままだと，お互いに嫌な気持ちのままで過ごすことになるから。

【展　開】

○　カーテンのすき間からサムを見つめるピエロは，どんな気持ちだったのでしょう。

・いつもいつも自分勝手なやつだ。

・何度言ったら分かるんだ。引きずりおろしてやりたい。

・腹が立つ。むかつく。

◎　ピエロの心の中からサムを憎む気持ちが消えたのはどうしてでしょう。

・自分もサムと同じように目立ちたいと思っていたことに気付いたから。

・サムとスターを奪い合うけんかをしていてはいけないことに気付いたから。

・サムもまた，サーカスのために一生懸命頑張っていることに気付いたから。

（補助発問）

○　自分も目立ちたいと思っていたことやサムが頑張っていることが，どうしてあんなに憎んでいた気持ちを消すことになったのでしょう。

・相手の足りないところばかりを攻めているのは，自分にも足りないところがあり，それを隠すために相手を攻めているのだということに気付いたから。

・相手に対して腹が立つとか対立するのでは，結局，前に進んでいくことはできない。逆に，相手は自分にはないものをもっている

と考えたら，対立するのではなく，力を合わせ，もっとよりよいものを作ることができると思ったから。
・意見が違うことは，ピンチじゃなくチャンスだったから。
○ 握手をかわす2人は，どんなことを考えていたでしょう。
・自分のことだけを考えていたわたしは間違っていた。
・これからは，みんなで力を合わせよう。

【終　末】
○ 意見が対立したけれど，互いに分かり合い，よりよい結果へとつながった経験はありますか。どうして，広い心が大切なのでしょう。
・児童代表委員会で，二つの案が出てもめたけれど，司会の人からそれぞれのよさを生かして，もっとよい計画を作ることができるのではという提案があり，とてもよい話合いになった。
・違っていることで，もっと素晴らしいことができるから。

(5) この授業のポイントと留意点

○ 本時においても，「広い心はどうして大切なのだろう」と問いかけ，自我関与を中心とした学習の中に問題解決的な学習を取り入れて進めていくことで，主体的・対話的な学びとなるようにする。
○ 高学年ともなれば，謙虚で広い心をもつことの大切さなどは，十分に分かっている。しかし，自分と意見や考えの対立する相手に対して腹が立ったり，ちょっとした違いを責めたりしがちである。そこで児童には，謙虚で広い心をもつことの大切さを深く考えられるようにさせたい。

　そこで，自我関与の授業として，ピエロに自分をしっかりと重ねて考えるようにする。特に，サムに対するピエロの憎しみに十分共感することで，その憎しみが消えたという意外性は，児童が主体的・対話的に考えるきっかけとなる。展開での第一発問によって，「カーテンのすき間からサムを見ていたときのピエロの思い」に十分に共感することが非常に重要である。

○　この授業は，Bの視点（主として人との関わりに関すること）の内容項目である。相手のことを，腹の立つ嫌な存在であるという捉え方から，自分にはないよさをもっている大切な存在として捉えることができるようにすることが重要である。

○　単なる登場人物の心情理解にならないように気を付けたい。「ピエロの心から憎む気持ちが消えたのはなぜか」の問いに対して，「自分も目立ちたいと思っていたから」「サムはすごいと思ったから」を受け，「だから，憎む気持ちが消えたのだね」で止まっていては，ピエロの心情を理解しただけである。なぜ，その思いが，憎む気持ちを消すことになったのかを問い，深い学びにつなげたい。

　　そのためには，例えば，教師が分からないふりをするのも方法だろう。「そのことで，どうして憎む気持ちが消えたの？」と問い返し，十分に時間を掛け，児童同士で考え合えるようにしたい。

○　「サムはすごい」という思いが憎しみを消した理由として，「到底かなわないと思ったから」と考える児童もいる。これは，最近の児童に多く見られる考え方であるが，広い心や寛容ではない。そこで，「ピエロも，演技ではサムに負けていないよ。それなのに，憎む気持ちが消えたのはなぜだろう」と，切り返したい。そうすることで，相手の嫌なところばかりを見るのではなく，相手のよさに目を向け，違いを生かしていこうという考え方について考えられるようにしたい。

○　「相手のよさに目を向け，違いを生かしていこうという考え方」や「違いは豊かさにつながる」といった考え方を，児童がしっかりと考えられるようにしたい。そのためにも，教師が「それはどういうことなの？」と問い返したり，分からないふりをしたりすることが重要である。そうすると児童の中から，「例えば，この前の児童代表委員会がそうだ」などの意見が中心発問の場面でも出てくる。ただし，それが出るのは，教育活動全体での道徳教育において，

「違いは豊かさ」といった指導を教師が普段から心掛けているからであることも忘れてはならない。道徳科を要として学校の教育活動全体を通じて行う道徳教育は，当然，道徳科と教育活動全体で行う道徳教育とがつながっていなければならないのである。

第2節 問題解決を重視した授業づくり

1　低学年：B−(6)　親切，思いやり

(1)　児童の実態
　小学1年生はまだ自己中心的で，自分の要求を一方的に押し付けたり，相手との力関係で問題を解決しようとしたりすることがある。子供たちが他の友達に意地悪をする理由としては，他人を思いやる気持ちが足りないこと，攻撃することで優越感を感じること，自他の幸福が対立するものと思い込んでいること等が考えられる。

(2)　ねらいの設定
　親切について考え，身近にいる幼い人や友達と温かい心で接し，仲のよい人間関係を築こうとする態度を育む。特に，オオカミ，ウサギたち，クマの立場から問題解決をすることで，自他の幸福を考え，身近な人をどう思いやり接するべきか判断する能力を養う。

(3)　教材の概要

「はしの　上の　おおかみ」（出典：文部科学省『わたしたちの道徳　小学校1・2年』）

　一本橋でウサギが真ん中まで渡ったとき，反対側からオオカミがやって来て「戻れ」と言って追い返した。オオカミはこれが面白くて，キツネやタヌキが来ても「戻れ」と言って追い返した。次に，オオカミが「戻れ」と言おうとしたら，相手はクマであっ

た。オオカミは自分が戻ろうとしたら，クマはオオカミを抱きかかえて後ろ側へ渡してくれた。オオカミはクマの優しさに感動して，その後はクマと同じように皆を優しく渡してあげた。

(4) 主題の設定

集団生活をする上でお互いを思いやり親切にすることは大切である。親切の意義をよく考え，親切にした結果としての自他の心情を把握し，お互いに幸福になれる解決策を考えられるようにしたい。教材では，オオカミの立場だけでなく，ウサギたちやクマの立場も理解し，自他が共に思いやり幸せになれる方法を考えられるようにする。

(5) 教材の分析

この教材の道徳的問題は，一人しか渡ることができない一本橋で自他の欲求や権利をどう調整するかである。ここで道徳的諸価値を抽出すると，まずオオカミには自分が先に渡りたいという自己中心性があり，ウサギたち（弱者）との問題を力関係で強引に解決する傲慢さや冷酷さがある。それに対して，クマには自他の幸福を考える思慮深さや思いやりがある。オオカミのように力関係で自己の欲求だけを優先し，遊び半分で弱者を追い返すやり方には問題がある。オオカミのように「いばって相手を追い返す方法」よりも，クマのように「相手を持ち上げ反対側に渡す方法」のほうが，賢明で思いやりがあり，結果として自他が幸福になれる方法であることが分かる。

(6) 学習指導過程の大要

【事前調査】

小学1年の児童が幼稚園児との交流会で遊ぶ様子を観察する。児童は園児と一緒に遊ぶことはできるが，園児（弱者）の気持ちを思いやって面倒をみることは十分できていない。例えば，児童が園児と意見の対立があると，1年生のわがままな主張を一方的に押し通す場面

が目立つ。また，児童に親切にする理由をたずねると，「先生（親）がそういうから」「（幼い子が）かわいいから」などの回答を得た。

【導　入】
T　皆さんは，人に親切にしたことはありますか。
C　泣いている子をなぐさめた。→弟と一緒に遊んであげた。
T　立派ですね。そのとき，どんな気持ちになりましたか。
C　よかったと思った。→自分もうれしくなった。
T　人に優しくするとは，どういうことなのだろう。
C　人に何かをしてあげること。→人の喜ぶようなことをすること。
T　そうです。でも，なかなか親切にすることって難しいですね。

【展開前段】
① <u>オオカミが橋の上でウサギたちを追い返した場面まで読む。</u>
T　ここで困ったことは何だろう。
C　一本橋だから両方から同時に渡れないこと。
C　オオカミがわがままで意地悪だったこと。
T　みんながオオカミならどうしますか。そうしたら，どうなるかな。
C１案　戻れと言う：オオカミはいい気分でも，ウサギはいやな気分。
C２案　道をゆずる：ウサギはうれしいけど，オオカミは損した気分。
C３案　おどかす：オオカミもウサギもいやな気分になる。
T　どのやり方が一番いいかな。お互いによい方法はないかな。
C４案　順番に渡る→先に来た方が早く渡る。ウサギが渡るまで待つ。
② <u>クマがオオカミと橋で会ったとき，抱き上げて後ろに渡してあげたので，その後はオオカミもウサギたちを優しく抱き上げて渡してあげるようになったところを読む。</u>

T　みんな，このクマのやり方をどう思う。
C　すごい。→優しい。→頭いい。→かっこいい。
T　オオカミが相手に「戻れ，戻れ」と言ったり，自分が戻ったりするのと比べて，どのやり方が一番いいかな。
C　クマのやり方がいいよ。だって，クマにもオオカミにもいいから。みんな笑顔でいられるよ。

【展開後段】

T　今度は，ウサギ，オオカミ，クマのお面を付けて，それぞれ演じてみましょう。終わったら，お面を交替して演じてみましょう。
T　ウサギ役，オオカミ役，クマ役のときで，どんな気持ちでしたか。
C　オオカミ役でいばっているときは気分よかったけど，ウサギ役のときは嫌だった。クマ役は相手からも喜んでもらえるからよかった。
T　これからは，人に接するとき，どうしたいと思いますか。
C　優しくしてあげる。親切にしてあげたい。
T　かりにあなたがオモチャで遊んでいるとします。そこへ幼稚園のA君がきて，そのおもちゃで遊びたいと言いました。あなたならどうしますか。
C　「嫌だ」と言う（2人）。「帰れ」と追い払う（3人）。貸してあげる（5人）。後で貸してあげる（3人）。一緒に遊ぶ（7人）。
T　どれが1番いいと思いますか。さっきのクマならどうするでしょう。自分がそう言われてもいいのは，どれでしょう。
C　一緒に遊ぶ（12人）。後で貸してあげる（8人）。
　　→さっきのクマなら一緒に遊んであげるよ。
T　そうしたら，どんな気持ちになるかな。
C　とってもいい気持ちになるよ。
　　→よかったという気持ちになる。

【終　末】

T 今日の授業から，親切とはどういうことだと思いましたか。
C 相手のことを考えて何かしてあげること。
　→皆が楽しくなること。
T 親切とは自分のことだけでなく，相手のことも思いやることです。そうすると，自分も気分がよくなります。今度の幼稚園との交流会で何かできることはないかな。
C 一緒に遊んであげる。→いろいろ教えてあげる。
T あなたたちならきっとできます。いろいろ工夫してみましょう。

(7) 評価方法

　登場人物の立場から相手を思いやる問題解決ができたか評価する。はじめは相手との力関係だけで考えていた子も，終わりには皆が互いに思いやり喜べるやり方を考えていた点を認める。

　また，親切・思いやりへの意欲を評価する。例えば，授業前には「人に優しくしない」と答えていた子が，授業後には「クマさんのように相手に優しくなりたい」と答えていた点を認める。

2 中学年：B−(9) 友情，信頼

(1) 児童の実態
　小学3年生の児童たちは親しい友達の気持ちを理解して付き合うが，一方で相手の気持ちを思いやりすぎて，正直な気持ちを言えなくなってしまうこともある。普段の生活では，友達と楽しく語り合うが，本音を言い合えない関係になっていることもある。相手に注意をする場合でも，強い口調になって相手を傷つけてしまうこともある。

(2) ねらいの設定
　友達を思いやりながら，正しいと思うことを率直に伝える態度を養う。特に，思いやりと正直さの間で葛藤する問題を考えることで，友達を思いやりながら正直に意見を伝える友情の在り方を理解できるようにする。

(3) 教材の概要

> 「絵はがきと切手」（出典：『4年生のどうとく』文溪堂）
> 　ひろ子が転校していった仲よしの正子から絵はがきを受け取る。ひろ子ははじめ喜ぶが，その絵はがきが定形外郵便物で70円の料金不足であることを知る。ひろ子は正子に料金不足のことを知らせるべきかどうか迷う。お母さんに聞くと，「お礼だけ書いたほうがいいかもしれないね」と言う。お兄ちゃんに聞くと，「ちゃんといってあげたほうがいいよ」と言う。そこで，ひろ子は迷ってしまう。ひろ子は2人で遊んだ楽しい思い出を思い浮かべ料金不足を教えることに決めた。

(4) 主題の設定
　子供たちが友達の気持ちを思いやるとともに，正直に語り合える人

間関係を築きたい。自己の目先の欲求を優先するところから自他の欲求を調整できるところへの移行を目指す。そこで,「絵はがきと切手」を用いて,子供たちが友達のことを思いやりたい気持ちと正しいことを正直に語りたい気持ちとの間で葛藤することを主題に設定する。また,ロール・レタリング(役割を担った手紙書き)を通して,相手を思いやりながらも正直に自分の気持ちを伝える技能を習得する。

(5) 教材の分析

この教材における道徳的問題としては,ひろ子が正子に料金不足について教えるか,教えないかで悩む点である。この葛藤は,正子に嫌な思いをさせたくないという思いやりと,料金不足の事実を伝えようとする正直さのどちらを優先すべきかで迷うことから生じる。そこで,この葛藤場面で教材をカットして提示する。この場面で,ひろ子の選んだ解決策が結果として自他にどのような影響を与えるかも考える。次に,もし葉書で料金不足を教えるとしたら,実際にどのように書けばよいかを問題にする。

(6) 学習指導過程の大要

【事前調査】

手紙やメールで友達とトラブルを起こしたことがあるかどうか調査する。実際には,ほぼ全員が手紙やメールのやり取りでトラブルを起こした経験をもっていた。ささいな言葉の行き違いがトラブルのもとになっている児童の実態を確認する。

【導 入】

T 日常生活で相手に正直に話せるときと,そうでないときがありますね。どんなとき正直に話せて,どんなときに正直に話せなくなるかな。

C 悪いことをしたとき:だって,後で相手に怒られるもの。

C 相手に気をつかうとき:友達を傷つけたくないから。

T 相手を思いやって正直に話せないこともあるのですね。どうすれば友達と気持ちよく付き合えるでしょう。

C　気持ちよく付き合いたいけど，相手を傷つけたくないし…。→何でも正直に言えばいいんだ。→でも「バカ正直」って言葉もあるよ。

【展開前段】

※　ひろ子が兄と母の意見を比べながら悩むところまで読む。

　T　ひろ子は何を悩んでいるのでしょう。

　C　正子に料金不足を正直に教えるか，教えないか悩んでいる。

　T　ひろ子はどうしたらよいと思いますか。それはなぜですか。実際にそうしたら，どうなると思いますか。

　C１案　教える（12人）：正しいことだから。→きっと正子に教えてくれてありがとうって言われる。→嫌がられるかもしれないよ。

　C２案　教えない（23人）：もう正子にはなかなか会えないから。→お母さんがそう言うから。→正子が同じ失敗をするかもしれない…。

　T　自分が正子なら教えてほしいですか。

　C　教えてほしい（28名）：自分が間違っているから。友達だから。

　C　教えてほしくない（7名）：恥ずかしいから。

　T　この他に案はありませんか。

　C　教えた方がいい。だって，間違ったまま他の人たちにも絵はがきを送ってしまうから。

　C　たしかに教えないままだと，被害が広まる。でも上手に教えなければいけない。

【展開後段】

　T　どうすれば正子さんに上手に教えられるかな。実際に絵はがきの返事を書いてみよう。

　C　文例「正子さん，絵はがきありがとう。蓼科高原ってすてきなところね。来年の夏には遊びに行きたいな。これからもずっと友

達でいようね。P.S.そう言えば，絵はがきは定形外だと料金が変わるみたいだよ。」

T　葉書を書くのに苦労したようですが，どこが難しかったかな。
C　短い文で本当の気持ちを伝えること。→誤解されちゃうもの。
C　相手を傷付けないように，本当のことを伝えるのは大変だった。
T　たしかに，ただ正直に伝えればよいわけではありませんね。どうしたら上手に伝えられるでしょう。
C　言葉に気を付ける。→手紙をもらった方の気持ちを考えて書くといい。→友達のためになることを書く。→誤解されないように上手に相手を思いやって書く。

【終　末】

T　授業を受けて，どうすれば友達と気持ちよく付き合えると思いますか。
C　相手の気持ちを考えて本当のことを話すようにする。→正直でも悪口は言わないで，相手のためになることをやさしく言う。
T　嘘をついてばかりでは，本当の友達にはなれません。でも相手を傷つけてしまうときは，何でも正直に話せばよいとはかぎりません。お互いを思いやりながら，率直に話し合えるようになりたいですね。

(7)　評価方法

　ひろ子の立場から自他の気持ちに配慮して問題解決ができたかを評価する。はじめは「正子に悪いから教えない」と答えていた児童が，後には「結果として正子のためになるなら，傷つけないように気を付けて正直に言えばいい」と答えていた点を認める。

　授業後，相手を思いやり正直に話し合おうとする態度を評価する。児童たちは会話やメールで相手を気づかう言葉を使おうと意欲するようになった点を認める。

3　高学年：C−⑬　公正，公平，社会正義

(1)　児童の実態
　児童たちの間では大小様々なトラブルが起きており，ときどき暴力行為も報告されている。担任は朝夕の会や学級会で互いを尊重して仲よくするよう指導しているが，教師の目の届かないところで喧嘩やいじめが起きていることもある。また，学級委員の男子児童がいじめを止めようとしたところ，逆にいじめの対象にされたケースもあった。

(2)　ねらいの設定
　いじめ問題について理解を深め，いじめの被害者，加害者，加担者，傍観者，教師の立場からいじめをなくすための解決策を考えることで，いじめ問題に公正，公平な態度で対応する能力を養う。

(3)　教材の全文
文部科学省『私たちの道徳　小学校5・6年』の教材を参考に一部改作した教材

（資料1）そうじの時間です。ごみ箱にたまったごみを，最後に収集場所に捨てに行くことになりました。当番だったAさんがごみ箱を持って行こうとすると，Bさんが「Aは行かなくていいよ」と言いました。そしてBさんは近くにいたCさんに向かって，「C, お前が行ってこい」と言って，Cさんにごみ箱をおし付けました。Cさんは笑って，「いいよ」と言ってごみ箱を持って行こうとしました。

（資料2）Aさんが言いました。「ゴミを捨てに行くのは，僕の当番だから，いいよ」。すると，Bさんは「Cはおれの言うことな

> らきくから大丈夫だよ」。そしてBさんは再びCさんに「早く行ってこいよ」と促しました。Cさんはうなずき，ごみ箱を持って出て行きました。

(4) 主題の設定

いじめ問題は，「いじめられる子（被害者）」や「いじめる子（加害者）」だけでなく，「いじめをはやしたてた子（加担者）」「いじめを見ている子（観衆・傍観者）」や教師をも含めて，学級全体の問題として包括的に取り組み，解決する必要がある。発達段階で言うと，仲間同士の連帯や利害関係だけを重視するレベルから，身近な弱者（被害者）への思いやりや学級全体への影響を考えられるレベルへの移行を目指す。

(5) 教材の分析

いじめ問題は，その被害者，加害者，加担者，傍観者，教師の立場で見方や考え方が異なる。そこで，それぞれの立場で価値観や問題点を分析する。具体的には，被害者の「いじめから逃れたい」という深刻な意識，加害者や加担者の「いじめは遊びなので許される」という軽薄な意識，傍観者の「自分には関係ない」という無責任な意識を総合的に捉える。

(6) 学習指導過程の大要

【導　入】

T　いじめとは具体的にどのようなことだろうか。

C　「弱い者を殴ること」「蹴ること」「仲間外れにすること」「無視すること」「悪口を言うこと」「冗談でやる場合もあるけどね……」

T　いじめかどうかの判断基準は，いじめられた者の気持ちにかかっています。一般的な定義では以下のようになっています。

「子供が一定の人間関係のある者からの，心理的・物理的攻撃を受けたことにより，精神的な苦痛を感じるもの。いじめか否かの判断は，いじめられた子供の立場に立って行う。」

T　ふとした言葉やいたずらがいじめになることもあります。
　　いじめに関わっているのはどんな人だろう。
C　いじめる子→いじめられる子→周りで見ている子はどうかな
T　いじめられる被害者といじめている加害者だけでなく，いじめを見てはやしたてる観衆やただ見ているだけの傍観者もいじめに関係があります。

【展　開】

T　資料1を読んでどのように思いましたか。
C　無理やりゴミ捨てに行かされるCさんがかわいそう。→黙っていないで，「嫌だ」と言えばよかったんだ。→言えなかったんだと思うよ。
T　Cさんはどうしたらよいと思いますか。
C　「それは当然，Aさんの仕事だよ」と言う。「勝手に僕に押し付けるな」と言い返せばいい。
T　Aさんはどうすればよいと思いますか。
C　何もしなければ，Bさんのいじめに加わっているのと一緒だよ。Aさんはすぐにすぐに B さんを止めて，Cさんを助けるべきだ。
C　でもCさんは笑っているから大丈夫じゃないかな。→笑っていても，心では泣いているのかもしれないよ。
T　Aさんも黙っていないで，公正な態度で止めた方がよさそうだね。それでは，資料2を配布します。
T　この事例のいじめ問題は，どうすれば解決できると思いますか。なぜそう思うか，理由も考えながら話し合おう。
1案　Cさんがきちんと嫌だと言う：まず本人が自分の思いを伝えるべきだ。→CさんがBさんと戦って勝てるかな。

2案　AさんがBさんを説得する：Cさんが困っていることをBさんに説明する。きちんと説明すれば，Bさんも分かってくれるはず。

3案　周りの人が止めるか，先生に報告する：Cさんは弱いから。→チクッたって言われて，今度はその人がいじめられるかも。

4案　Bさんに厳罰を与える：悪い者は力でねじ伏せるしかない。

5案　何もしない：後で自分がいじめられないように。→その結果，Cさんに対するいじめは，もっとひどくなるかもしれないよ。

T　自分がCさんだったら，Aさんに放っておかれてもいいかな。

C　いやだ。Cさんの本音を理解して，味方になってほしいよ。

T　こんな様子を傍観していたら，これからどうなるかな。

C　Bさんのいじめがどんどん広まってひどくなる。

T　どの解決策が最もよいかな。いくつか組み合わせてもいいです。

C　まずCさんが「いやだ」と自己主張するべきだ。それでもダメなら，AさんがBさんを説得して，弱い者いじめをしないように言う。周りにいる人たちもBさんの横暴を許さないようにする。BさんもCさんの辛さを理解できるようにする。

【終　末】

T　今日の授業を通して，いじめについてどのように考えましたか。

C　いじめられている人の気持ちを大切にすべきだ。→他人事ではなくクラス全体の問題だと思った。→協力すれば，いじめはなくせる。

T　いじめのない学級をつくるために，これからどのようなことができるだろうか。具体的に目標を立ててみよう。

C　それぞれの立場を尊重して，いじめをしない。→誰にでも公平に接し，いじめがあったら先生にすぐ報告する。→いじめを見たらクラスの皆が止めに入る。

T みんなが協力すればいじめはなくなっていくと思います。もしこのクラスでいじめがあれば，必ず先生に相談してください。先生も全力で取り組むから，皆で協力して公正・公平なよい学級にしていこう。

(7) 評価方法

いじめ問題に関してどれだけ考えを深めたかを評価する。はじめは「被害者が笑っていれば大丈夫」「下手に関わりたくない」と考えていた児童も，後には「被害者の気持ちをもっと理解した方がいい」「自分にも何かできるはず」という認識に達した点を認める。

また，このいじめ問題の解決について評価する。はじめは多くの児童が「自分には関係ない」と考えていたが，後にはクラス全体の問題として考え，「勝手な振る舞いには注意する」「嫌なことは嫌と主張する」「先生や親に相談する」など具体的に考えていたといった評価をする。

【参考文献】
○柳沼良太著『問題解決型の道徳授業』明治図書出版，2006年
○柳沼良太著『問題解決的な学習で創る道徳授業超入門〜「読む道徳」から「考え，議論する道徳」へ〜』明治図書出版，2016年

第3節 道徳的行為に関する体験的な学習を重視した授業づくり

1　低学年：B−(6)　親切，思いやり［「親切っていいな」（1年生と6年生のジョイント授業）］

◆小学校低学年のポイント◆

　小学校の低学年の段階においては，具体的な活動を好む時期である。道徳的諸価値についての理解は，場面絵や紙芝居など具体的な場面を設定し捉えられるようにすることが有効である。また，動作化や役割演技などを通して，ねらいとする道徳的諸価値について身体をつかってよさを体感的に捉えられるようにすることが大切である。さらに，考えを深める段階では，主人公を共感的に捉えることが有効である。また，道徳的判断力を養う学習内容では，低学年のうちから理由や根拠をもとに話す習慣を身に付けられるようにすることが重要である。

(1)　ねらい

　身近にいる人たちに温かい心で接し，共に気持ちよく生活していこうとする態度を育てる。

(2)　教材と概要

【教材名】「はしの　上の　おおかみ」

　　　　　（出典：『みんなのどうとく　1ねん』学研）

　おおかみが，橋の上で出会ったうさぎを追い返したことがきっかけで通せんぼうすることが面白くなり，出会った動物たちを次々に追い返してしまう。ところが，橋の上でくまに優しくされたことで自分の今までの行動を反省し，自分も他の動物たちに優しくして，前よりも

ずっといい気持ちになるというお話である。そのお話のきっかけとなったのは，くまの親切な行動と，そのもとにある思いやりの心に触れたことである。

(3) 本授業における体験的な学習のポイント

1年生と6年生の合同授業を考えてみてはどうか。6年生がくまさん役を演じ，1年生全児童がおおかみ役となって役割演技を行い体感的に学習する。そして，弱い者いじめをして威張っていたおおかみの心の変化に着目することにより，親切という行為について考えていきたい。他の動物たちに威張って偉そうにすることよりも，親切にすることの方がずっといい気持ちになれるということに気付くようにしたい。相手の気持ちを考え，互いに譲り合い，助け合うことによって，みんなが仲よく楽しい集団生活を送れるように態度化を図っていきたい。

(4) 学習指導過程の実際

【事前の指導】

親切にしたことや親切にされた経験をアンケートや聞き取り等事前に調査をしておく。また，親切にできたこと，できなかったことを行為として捉えておくとよい。

【本時の指導】

実際におおかみ役を1年生，くまさん役を6年生が行い，親切にされる心地よさと親切にする心地よさを役割ごとに体感する。

【事後指導】

日常生活の中で親切にした場面を捉えての称賛や，ミニレターを用いた手紙の交換など思いやりの行為を相互に認め合う活動をするとよい。

第3節 道徳的行為に関する体験的な学習を重視した授業づくり

●展開例

段階	学習活動・主な発問	予想される児童の心の動き	指導上の留意点(◎) 評価(☆)
導入	・親切にされたことはありますか。そのときどんな気持ちでしたか。	・遊ぶときに、仲間に入れてくれた。 (嬉しい気持ち) ・「大丈夫?」と心配してくれた。 (温かい気持ち)	◎アンケート結果から親切にされて嬉しかった経験を思い起こすことで、価値への興味・関心をもてるようにする。
展開	**めあて:親切について考えよう** ○教材を基に話し合う。 ①うさぎやきつねを追い返しているおおかみは、どんな気持ちでいるか。 ②大きなくまに出会ったとき、おおかみはどう思ったか。 ③うさぎを抱き上げ、後ろに降ろしてあげたおおかみはどんなことを考えたか。 **学習問題:親切にすると気持ちいいのだろうか** ○体験した感想を発表する。	・みんなが怖がっていておもしろい。 ・通せんぼうって楽しいな。 ・こわい。 ・くまは強そうだ。 ・早く戻ろう。 ・意地悪をされたら大変だ。 ・あれ、優しいな。 ・くまさんって、力が強いのに、本当に優しいな。 (模擬体験をした実感を大切にする) ・ぼくもくまさんのまねをしよう。 ・親切にするといい気持ちだなぁ。	◎紙芝居を用いて、お話の世界に入りやすくする。 ◎くまに出会う前と後のおおかみの様子を対比することでめあてを捉えやすくする。 ◎意地悪をおもしろがっているおおかみの気持ちを押さえる。 ◎役割演技で1年生全員がおおかみ役になり、くまに橋を渡らせてもらったおおかみの気持ちを考える。 ◎6年生を中心にグループで考えを伝え合う。 ☆くまに親切にされたことにより、温かい気持ちになったおおかみの心が捉えられたか。

【板書例】

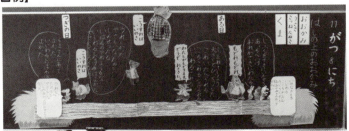

133

【授業の様子から】

　子供たちは真剣に授業に取り組んでいた。

とても楽しそうであった。

全員が実際にやってみる。親切にされたうれしさを体感できる。

(5) 心ときめく授業のために

・6年生等上級生とのジョイント授業が効果的である。
・親切にすることはいいことなんだということを体感的に捉えることができる。

(6) その他の教材から

　およげない　りすさん：文部科学省『わたしたちの道徳　小学校1・2年』

　二わの　小とり：『みんなのどうとく　1ねん』学研

　など，みんなで仲よくするにはどうしたらよいかを，グループで考えると楽しい授業となる。

2　中学年：B−⑽　相互理解，寛容［許し合う心（小集団の活用）］

◆小学校中学年のポイント◆

　小学校の中学年の段階においては，活発に小集団での活動を好む時期である。道徳的諸価値についての理解は，道徳の教材と実際の生活場面とを結び付けて捉えられるようにするとよい。さらに，考えを深める段階では，ペア学習や小集団における学習が有効であり，全員が参加する授業を構成しやすい。また，学習内容を日常生活に生かしていくための工夫が行いやすい。

(1)　ねらい

　自分の考えや意見を相手に伝えるとともに，相手のことを理解し，寛容の心で相手を受け入れ，よりよい生き方を相互に築いていこうとする態度を育てる。

(2)　教材と概要

【教材名】「大切な貯金箱」（出典：矢作信行　自作資料）

　夏休みの自由研究で制作した貯金箱を学校に持ってきた美代子であるが，隣の席のたかしに見せてと頼まれ，しぶしぶ貸すのである。はじめは丁寧に見ていたたかしであるが煙突を覗き込んだ瞬間手が滑って貯金箱をこわしてしまう。たかしは謝ったのであるが「わざとじゃないよ」と自己弁護もした。美代子とたかしの２人がお互いを理解し合うには，どうすればよいかを考えさせる教材である。

(3)　本授業における体験的な学習のポイント

　日常的な児童の生活の中にみられるような自作資料である。特に謝罪の仕方について，その内面も含め，相手を許容したり，相互理解を図るために行為としての謝り方に注目できるようにする。

　小集団による役割演技を通して謝り方を具体的，視覚的に捉え考えることがポイントである。

(4) 学習指導過程の実際

【事前の指導】

相手を許すこと（相互理解，寛容）について事前にアンケートを実施し，児童の実態を把握しておく。

【本時の指導】

たかしの謝り方について，相手に気持ちを伝えるためにはどのようにすることがよいかを行為と内面の両方から考える。また，相手を許すにはどのようなことが大切かを，選択肢をもうけて判断をすることで児童がじっくり考えるようにしたい。

【事後指導】

日常生活の中で謝罪だけでなく，挨拶等段階を通して道徳的行為について考える。特に体験を通して，同じ行為でもその仕方や心のありようによって相手への伝わり方の違いを捉えるようにしていく。内面に裏打ちされた望ましい行為を大いに称賛していく。

● 展開例

	学習内容	予想される児童の心の動き	指導上の創意工夫
導入	発問：謝ったり，許したりした経験はありませんか。	・だまっておやつを食べて後で謝った。 ・物をこわされたけれど許した。	「謝る　許す」ということに関心をもつ。
	教材を読み疑問点を探し問題をつくる。	教材の範読を聴き，問題をつくる。	教師とともに，自分たちで学習する問題づくりをする。
	学習課題：わかり合うには		
	1　たかしについてどう思いますか。	・謝り方がよくない。 ・心がこもっていない。 ・言い訳をしている。 ・べんしょうするっていっていない。	・行為についての批判はよいが人を非難（攻撃）することはさせない。
展開	2　美代子についてどう思いますか。	【美代子は悪くないのか】 ・悪くない。 ・悪いところもある。 【美代子はどうしたら許すか】	・ペア討議，グループ討議により主体的な学びへとつなげる。

第3節　道徳的行為に関する体験的な学習を重視した授業づくり

		・謝ってもらう。 ・べんしょうしてもらう。 ・謝ってもらい、べんしょうもしてもらう。	・許すためには、何が必要なのかを根拠をもって考える。
	3　二人の関係性をよくするにはどうしたらいだろう。	・謝って、2人でなおす。 ・たかしが真剣に謝って、美代子も許してあげる。 ・二人でもっといい物をつくる。	・望ましい謝り方を小グループで実際に体験してみる。
終末	4　今日の授業から学んだことや自分の生活に生かせることを考える。	・謝りかたや許し方を学んだ。 ・態度や言葉遣いが大切だと分かった。 ・悪いことをしたら心から謝ることが大切である。 ・2人で問題を解決する方法を考えるのがよい。	・実践につなげるために書く活動の時間とする。 ☆分かり合うために大切なことを考えることができた。
	5　教師の話	教師の話を聞く。 ・学び合い方のよかった点も評価する。 ・問題解決的な学習の仕方について整理する。	・学び方についても積極的に評価していく。

【板書例】

【授業の様子から】

　謝り方を体験的に行う（グループで実際にやってみる）。

・ごめん，わざとじゃないよ…軽い感じでいう

・本当にごめんなさい…深々と頭を下げる

・本当にごめんなさい，作り直します…深謝と物的補償
(5) 心ときめく授業のために
・グループ活動で実際に謝り方を模擬体験してみると，相手にどのように伝わるかが理解できる。
・エンカウンターで友人関係のエクササイズも取り入れるとよい。
(6) その他の教材から
　「やくそくの本」（東京書籍）や「絵はがきと切手」（学研）など同じ行為であっても，行為の仕方によって相手を喜ばせたり，悲しませたりすることが体感的につかめるとよい。

3　高学年：B−(11)　相互理解，寛容［分かり合う心（体験的な学習の場づくりの工夫)］

◆小学校高学年のポイント◆

　小学校の高学年の段階においては，思考力が高まり，概念的・抽象的思考がかなりできるようになる。また，論理的な思考や合理的な思考に基づいた正しい行為の選択をしようとする。

　体験的な学習としては，友達の存在が家族に匹敵するぐらい大きなものになってくることから，小集団による議論や他の年齢の人とのコミュニケーションが道徳性育成のポイントとなる。

(1)　ねらい

　自分の考えや意見を相手に伝えるとともに，謙虚な心をもち，広い心で自分と異なる意見や立場を尊重しようとする態度を育てる。

※（A−(2)（正直，誠実）と関連が深いので，二つの内容項目をねらいとすることも可能である。）

(2)　教材と概要

【教材名】「銀のろうそく立て」（出典：『みんなのどうとく５年』学研）

　19年間刑務所にいた囚人ジャン・バルジャンは釈放され刑務所から出てくるが，どこにも行くところがなくミリエル司教に助けてもらう。温かい食事とベッドを与えられたが，夜中に銀の食器を盗んでしまう。憲兵につかまり司教の前に突き出されたが，司教は「食器はあげたものだ，銀のろうそく立てもあげたのにどうして持って行かなかったのだ。さあ持って行きなさい」と言い，「あなたは，正直に生きることを約束したのですよ」と付け加え広い心でジャン・バルジャンを許す物語である。

(3)　学習指導過程の実際

【事前の指導】

　相手を許すことや誠実に生きることについて，児童の実態を把握し

ておくとよい。また，事前に教材を読み，疑問や道徳的問題を見付け出して，児童なりの問いをもって主体的に学習する準備をしておく。

【本時の指導】

　ジャンと司教の生き方を保護者や地域の方をまじえて小グループで討論形式で授業を行うとよい。児童の問いやジャンの立場，司教の立場に分かれて意見交換するとよい。

【事後指導】

　道徳の授業で培った思考の仕方や討論の仕方を他の教育活動に生かす。主体的・対話的で深い学びが他の教科や領域でも生かせるようなカリキュラムの工夫をする。

●展開例

段階	学習活動・主な発問（○）	予想される児童の心の動き	指導上の留意点（◎）評価（☆）
導入	1　これまでに過ちを許した経験を話し合う。 ①　あなたは過ちを犯したことがありますか。 ②　許したことがありますか。 ③　過ちを許すときどんなことを考えますか。	①・うそをついた。 ②・許したことがある。30人 ・許したことはない。3人 ③・本当に反省しているのだろうか。 ・誰にだって間違いはあるから，許さなければ…。 ・同じ失敗をしないでほしいなあ。 学習課題：寛容の心 本当の優しさって何だろう	◎アンケートの結果を提示する。 ◎アンケート結果を基に，価値への興味・関心をもてるようにする。
展開	2　資料の登場人物，条件・状況について確認する。 3　資料の範読を聞き，話合いの方向性をつかむ。 ○授業の風景を基にし	臨場感のある場の設定をする。	◎ブラックライトを当て，資料を範読する。 ◎登場人物の行動の変容を考えながら聞くようにする。 ◎児童から出された意見（授業の風景）を基に

第3節　道徳的行為に関する体験的な学習を重視した授業づくり

て，学習問題をしっかり捉えましょう。 4　それぞれの立場を話し合い，価値に迫る。	**事前の児童の体験活動（事前学習）を授業に生かす。**	話合いの視点を焦点化する。 ◎誰も信じてくれず，途方にくれていたジャンが，司教の広い心にふれたときの戸惑いや喜びを感じ取る。
問：刑務所を出たばかりなのにどうして泊めてあげたのか。	・貧しかったから。 ・他に泊めてもらえるところがないから。 ・貧しい人や困っている人を助けたい。 ・差別をしない。 ・心を改めてほしい。	
【学習問題】　親切にしたにもかかわらず、食器を盗まれた。それなのに、どうして司教は、警察官にうそをついてまで、ジャンを許したのだろう。		**自由に動くことのできる空間をつくり対話する相手を探し意見交換する。**
問：親切にしてもらったのに，どうして銀の食器を盗んだのか。	・働くのはめんどくさい。 ・金に換えたい，恩より金。 ・司教ならだませそう。 ・でき心，悪い癖。	◎つらく長かった刑務所暮らしを思い出し，またこれからの生活を考え，銀の食器を盗んでしまうジャンの気持ちについて考える。
問：司教は，食器を盗まれたのにどうして怒らないのか。	・この食器は私物ではないという考え。 ・天から授かっている物。 ・長い間使用していたが勘違いだ。 ・貧しい人のためのものである。	◎ジャンの境遇を考えた司教のより広い心にふれ，自分自身を恥じ，感動するジャンの思いに共感できるようにする。 ◎グループ討議に保護者も参加し多面的・多角的なものの見方をす
保護者の参加により、論理的な思考により深めることができる。		
問：どうして警察官にうそをついてまで司教は，ジャンを許したのだろう。	・ジャンに真っ直ぐな人間になってほしい。 ・ジャンに正直になってほしい。 ・二度と悪いことをしてほしくない。	☆謙虚な心をもち，広い心で自分と異なる意見や立場を大切にする司教の生き方に迫ることができた。
問：「寛容の心・本当の優しさ」って何だろう。今日の学習から学んだことを踏まえながら，書きましょう。	・自分が同じような過ちをしているのに，相手のことをなかなか許せない気持ちがあったが，相手の立場や思いを理解してあげることも大切だと感じた。 ・司教の相手を思う「本当の優しさ」に触れ，許すことの心の広さを感じた。	◎書く活動を取り入れる。 ◎自分の経験と考えを合わせ，自分の生き方を見つめる。 ☆謙虚な心をもち，広い心で自分と異なる意見や立場を大切にする生き方にふれ，自己の生活を見つめ直すことができた。

終末	5 その後のジャンの生き方について教師が説話をする。	・教師からジャンの生き方について話を聞き、ねらいとする価値を自分のものとして捉える。	◎市長になり、濡れ衣を着せられた男が裁判にかけられることを知り、ジャンはどうするのか…。次時の学習問題につなげる。

【板書例（体験的な学習のできる場づくり）】

第3節　道徳的行為に関する体験的な学習を重視した授業づくり

【授業の様子（授業の風景）】

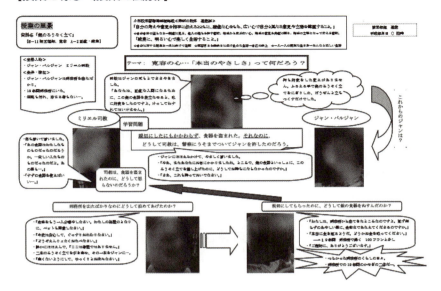

ポイント：児童の問いと教師の教材吟味から，授業の様子を事前に予想してまとめ，この授業の風景を基に深まりのある議論をする。

(4)　心ときめく授業のために

・司教の優しさのみを追いかける授業展開になりやすいが，ジャン・バルジャンの側からも，児童に考えられるようにすることが大切である。

・広い部屋を使って，多角的な板書にすると，少しでも外国のイメージ化が図りやすい。

(5)　その他の教材から

「青の洞門」（学研），「ひとふさのぶどう」（学研）など感動的な教材では，中学生・高校生や大人とのジョイント授業により，より多面的・多角的に思考し考えを深めることができる。

第4章 学習指導要領が目指す新しい「特別の教科 道徳」の授業【事例】

第4節
教科等横断型の総合単元的授業づくり

　教科等横断型の総合単元的授業づくりについて，道徳科を要として，低学年では「生命尊重」を中心に生活科との関連を図った事例を，中学年では「友情，信頼」を中心に，高学年では「思いやり，親切」や福祉の視点を中心に，特別活動や総合的な学習の時間等との関連を図った事例を紹介する。

1　低学年：D−⑰　生命の尊さ ［生命尊重の心を育むために～生活科と関連させて～］

(1)　はじめに

　今回の改訂では，内容の視点に「生命」の文言が追加され「D　主として生命や自然，崇高なものとの関わりに関すること」と改められた。低学年児童が，生きていることの証を実感することで生命の尊さを考えられるようにするために，「特別の教科　道徳」と生活科の体験活動を有機的に関連させた「いのちのプログラム」を構想した。

(2)　「いのちのプログラム」

　児童の生命尊重の心をより

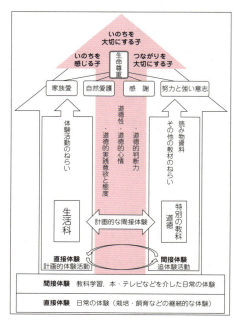

「いのちのプログラム」イメージ図

効果的に育むためには，生命尊重の内容項目だけでなく，それに関連する多様な内容項目を有機的に構成させることが有効だと考える。「いのちのプログラム」は，児童の直接体験や間接体験を基盤に，内容項目間の関連を図りながら，「特別の教科　道徳」と生活科の単元とで構成したものである。発達段階を考慮し，「いのちを感じる子（1年生）」「つながりを大切にする子（2年生）」をねらいに，2年間を見通した単元を構成することで，「いのちを大切にする子」の育成を目指した。

(3)　第1学年「いのちを感じる子」を育てるプログラムの実践より

① 年間指導計画（一部抜粋）

「いのちを大切にする子」を育てるプログラム年間指導計画【第1学年】

ねらい		様々な体験を通して，生きている喜びを実感することができる「いのちを感じる子」の育成を図る。			
時期	テーマ	直接体験		間接体験	予想される児童の意識
		日常	生活科（「単元名」・小単元）	道徳科（追体験的体験活動）	計画的

時期	テーマ	日常	生活科（「単元名」・小単元）	道徳科（追体験的体験活動）	計画的	予想される児童の意識
4月	「いのちの鼓動・温かさ」「いのちの強さ（生命	友達と遊ぶ・身近な生き物と遊ぶ・アサガオの	「がっこうとともだち」（2／11時間配当）・こうていもたんけんしてみよう	どきどきどっきんぐ（東京書籍H25度版）「内容項目：生命尊重」わたしたちの道徳 P.92-93	絵本『からだのなかでドゥンドゥンドゥン』	・ウサギは抱っこすると温かいな。・ウサギのおなかがどきどき動いているよ。・私も友達も先生も，ウサギと同じようにどきどきしているよ。
5月〜7月			「ひとつぶのたねから」（4／10時間配当）・たねをまこう・せわをしよう	あたらしいいのち（香道研H27度版）「内容項目：生命尊重」わたしのあさがお（香道研H27度版）「内容項目：自然愛護」	映像 NHK for School「クリップ」絵本『ぴよちゃんとひまわり』	・小さな種からいのちが生まれたよ。・ぐんぐん大きくなるのが楽しみだよ。・草花も私たちと同じように生き

| | | | | 「関連する内容項目：努力と強い意志」 | ているから大事にしよう。
・アサガオもいのちのバトンをつないだね。 |

② 1学期総合単元「きらきらかがやくいのちにふれて」計画（一部抜粋）

テーマ	時数	体験	「単元名・資料名」『本の題名』・主な学習活動	○指導上の留意点など ㊝評価の視点
「いのちの鼓動・温かさ」	2	生活科	「がっこうとともだち」 ・校庭を探検し生き物を見つける。 ・ウサギと触れ合う。	○活動の前に，アレルギーの有無等について，保護者に確認をとっておく。 ㊝ウサギに優しく触れ，ウサギの鼓動や温かさに気付き，友達や先生に気付いたことを話している。
	読書タイム	計画的	絵本『からだのなかでドゥンドゥンドゥン』 ・教師による読み聞かせを聞く。	○絵本を読み聞かせた後，児童の自由な発言は大切にするが，教師からの意図的な話（道徳的価値等）は避け，話の余韻を大切にする。
	1	特別の教科 道徳	「どきどきどっきんぐ」（東京書籍） （内容項目：D-(17)生命尊重） ・資料を読み，「どきどき」とは何かについて話し合い自分や友達の身体に触れて，どきどきを体感する。	○ウサギに触れた体験を想起した児童の発言を取り上げ，触れたときに感じたことなどを共有する。 ㊝自分や友達，先生の身体（手首や耳の付け根など）に触れ，鼓動や温かさを感じ，人もウサギも同じように生きていることを喜びと捉えている。
			「わたしたちの道徳」P.92-93 ・絵を見て，生きていることを感じた経験について話し合う。	○絵を基にこれまでの経験を振り返り，同じ経験をしたことなどについて話し合い，生きている喜びを共有する。また，家庭でも話し合ってもらう。
	2	生活科	「ひとつぶのたねから　1」 ・アサガオの種を観察する。 ・種蒔きをする。	○種は水に浸けておき観察できる準備をしておく。 ㊝種が生きていることに気付き，種に名前を付ける等して，親しみや願いをもって種蒔き等をしている。

③ 「いのちの鼓動・温かさ」を感じる展開

(i) ウサギ抱っこの直接体験

生活科の授業で，学校で飼育しているウサギの抱っこ体験を行った。児童は，ウサギに触れたり抱っこをしたりすることで，「いのちの鼓動・温かさ」を感じることができた。

(ⅱ) 絵本を活用した間接体験

朝のドリルタイムに『からだのなかでドゥンドゥンドゥン』（福音館書店）の読み聞かせを行った。実際に生き物たちの鼓動を聞くことは難しいが，絵本を通して，自分を含めた生き物には「いのちの鼓動」があることを知ることができた。

(ⅲ) 児童の体験をつなぐ「特別の教科　道徳」

読み物教材「どきどきどっきんぐ」を用いて授業を行った。まず導入において，ウサギの抱っこ体験と絵本『からだのなかでドゥンドゥンドゥン』を振り返り，「どきどきしている」ことや「温かい」ことが「生きている証拠」であることを想起した。

その後，教材を読み話し合う中で，主人公がウサギを抱いたとき感じた「どっきんどっきん」は，自分が走った後に感じる「どきどき」と同じであることに気付いた。さらに，主人公が母親にぎゅっと抱きしめられ，「どっきんどっきん」が治まっていったのは，主人公の心が温かくなったからではないかと考えた。

授業後半では，自分や友達の頬や首を触り鼓動や温かさを感じたり，内科検診で校医が聴診器を身体に当て音を聞いていた経験を想起したりした後，端末機器で実際に鼓動の音を視聴した。これらにより，児童はいのちの不思議さや今自分が生きて

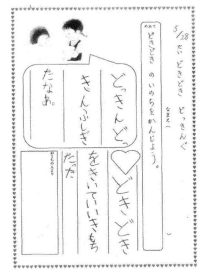

児童のワークシート

いることの喜びを，より深く感じることができた。最後に，『私たちの道徳』を用いて，どのようなときに「生きている」ことを感じるかを話し合った。ワークシートは家庭に持ち帰り，家庭でも話し合う機会を設け，家庭との連携を図った。

④ 「いのちの強さ（生命力）」「いのちを守る」を感じる展開

(i) 自分を見つめる「特別の教科　道徳」

　読み物教材「わたしのあさがお」を用いて授業を行った。関連する内容項目「努力と強い意志」にも気付けるように，育てるときに大切なことは何かについて話し合った。そして自分はどうであったかを振り返り，「ごめんね，今から水あげるね」などとアサガオに語り掛けた。

(ii) 絵本を活用した間接体験

　2学期，枯れて元気のないアサガオを見て「アサガオさん，もう死んでしまいそう」と寂しそうにつぶやく児童の姿が見られた。そこで，朝の読書タイムに，絵本『ぴよちゃんとひまわり』（学研）の読み聞かせを行った。児童は，ひまわりとアサガオを重ね合わせ「アサガオさんは枯れて死んでしまったのではなく，次のいのちをつくったのだね。よかった。」と「いのちのバトン」が受け継がれていくことに気付くことができた。

(iii) 種取りの直接体験

　読み聞かせの後，アサガオの種取りを行った。絵本により，できた種が新しいいのちであることに気付いた児童は，うれしそうに「こんなに新しいいのちが集まった！」とつぶやき，丁寧に種を袋に入れた。

(4) おわりに

　年間を通した学習を展開するが，低学年児童の意識を持続させることは難しい。意識が持続できるように，教室環境の工夫も必要である。

第4節　教科等横断型の総合単元的授業づくり

教室背面掲示

2　中学年：B-(9)　友情，信頼［友達と助け合う心を育むために〜体育，学級活動等との関連〜］

(1)　学校教育目標の具現化を目指した総合単元的道徳学習の構想

　学校教育目標や道徳教育目標のもと児童の実態を見極め，総合単元の構想（教科横断型）を練った事例を以下に示すこととする。

【学校教育目標】林の町を愛し，共に考え共に生きる心豊かで健康な子を育てる。
【道徳教育目標】自分と相手を互いに認め合い自分も相手も大切にできる心豊かな子供を育てる。

児童の実態と願い	教師の願い
・自分の気持ちを表現できず，些細なことからけんかに発展し，相手の気持ちを考えずに責めることがある。見ている者もただ見ているだけで注意をすることができない。 ・友達のグループ化が進み，普段は男女別々で気の合うなかまと遊んでいることが多い。 ・特別支援学級に在籍する児童に対し，配慮して接することが難しい。 【学級目標】 助け合い笑顔でなかよし4-1	・相手の立場や気持ちを理解して助け合ったり，励まし合ったりする温かい人間関係を育みたい。 ・相手の思いも考えながら，自分の気持ちも言えるようになって欲しい。 ・仲のよい子だけではなく，いろいろな友達のよさを感じて欲しい。男女でも助け合えるようにしたい。 ・特別支援学級に在籍する児童に対しても，クラスのなかまの1人と考えて，接して欲しい。

重点を置いて取り組む教科横断型の総合単元的授業の主題名の決定
「友達と助け合って，共に伸びよう。」

ねらいを達成するための教育活動の洗い出し

道　徳	教　科	特別活動	総合的な学習の時間
中心価値 B-(9)〈友情・信頼〉 資料「いっしょにやろう」 「絵はがきと切手」	体育 〈水泳，ボール持ち運び走〉 水泳クラスマッチに向けての練習，話合い	学級活動 〈男女の協力〉 〈気持ちの伝え方〉	〈やさしさいっぱい林の町〉

○子供が意欲的に意識を一つにして取り組める活動内容を吟味する。
○共通体験の時間と場を確保する。
　・共通体験の時間と場（本単元では体育の時間）を単元に設定し，

クラス全員が体験し共通の土台で考え話し合い，学び合えるようにする。
○価値の内容の広がり，深まりのある配列になるように配慮する。
・単元の中心価値で具体的にどんな実践力を育めばよいのか学習指導要領で確認後，教材分析を行い，子供の実態や意識を大切にしながら教材を選択し配列を検討する。
○児童自身が振り返り，教師が評価できるような表現物を作成する。

(2) 教科等横断型学習の総合単元構想

総合単元名	友達と助け合って，共に伸びよう。

〈水泳クラスマッチの練習や，「4－1なかまノート」づくりを通して，友達のことを思い，助け合えるなかまづくりをしよう。〉

（各時間ごとに「4－1なかまノート」に書き込んでいる。）

　　　　　　　　　　　　　▨▨▨ 総合的な学習の時間・体育科
　　　　　　　　　　　　　▭ 道徳学習　　▭ 学級活動
　　　　　　◎…学習のめあて　　　　○…学習活動

①
◎　学級目標「助け合い笑顔でなかよし4－1」になれるように，これまでの取組を振り返って，めあてをもとう。
○　「4－1なかまノート」（以下，ノート）をつくっていくことを知り，学習の計画や，めあてを立てる。　　**学級活動**（1時間）

↓

②
◎　友達と仲よくなれた秘密について話し合おう。
○　読み物教材「いっしょにやろう」（自作）を読み，相手の気持ちを考えて，仲よく助け合うことの大切さを考える。終末で「わたしたちの道徳」（p.80）を活用し，どのように取り組むのかノートに書く。　　　　　　　　　　　　　**道徳**（1時間）

↓

③
◎ 水泳クラスマッチに向けて，得意なところを教え合おう。
○ 水泳学習の後半でグループ学習を取り入れ，児童同士が教え合い，助け合って練習する活動を行う。
体育（週3時間，授業後半10分グループでの練習をクラスマッチまで行う。）

↓

④
◎ 男女で協力し合い，互いに助け合うことの大切さを考えよう。
○ 男女の違いやよさについて話し合い，体験とつないで協力するよさを考えノートに書く。　　　　**学級活動**（1時間）

↓

⑤
◎ みんなが楽しめる水泳クラスマッチについて考えよう。
○ 体の不自由な人の事例から泳げない友達の立場に立って話し合い，特別ルールを考えノートに書く。　**総合的な学習の時間**（1時間）

↓

⑥
◎ 友達の気持ちを考えながら，助け合って水泳の練習をしよう。
○ 体育の授業後，練習の振り返り（技能，協力態度など）を毎回行う。
体育（週3時間，授業後半10分でグループでの練習をクラスマッチまで行う。ボール持ち運び走では，作戦タイムで話し合い協力する場を設ける。）

↓

⑦
◎ 「友達を本当に大切にする」とは，どういうことだろう。
○ 読み物教材「絵はがきと切手」（文部科学省）を読み，相手のことを考えて，言いにくいことも伝えることができる信頼関係を築くことの大切さを考えノートに書く。　　**道徳**（1時間）

↓

⑧
◎ 相手も自分も気持ちのよい言い方，伝え方の練習をしよう。
○ SSTを行い，実際に友達と気持ちを伝え合う練習を行う。
学級活動（1時間）

↓

⑨
◎ 相手の気持ちを考えた言い方を工夫して励まし合い，助け合って練習をしよう。
○ 体育の授業後，練習の振り返り（技能，協力態度など）を毎回行う。
体育（週3時間，授業後半10分でグループでの練習をクラスマッチまで行う。）

↓

⑩
◎ 友達と力を合わせて，励まし合って水泳クラスマッチをしよう。
○ 水泳クラスマッチを振り返り，グループの友達に「よさ見つけカード」を書く。　　　　　**体育**（1時間）水泳クラスマッチ

↓

⑪
◎ お互いのがんばりを認め合い，よさを伝え合って，より絆を深

めよう。
○「よさ見つけカード」を交換し合い,みんなでたたえ合う会（お楽しみ会）を行う。　　　　　　　　**学級活動**（1時間）

↓

単元目標（友達の気持ちを考えて）：友達の気持ちを考えて,互いに助け合ったり,注意し合ったりして,友達と共に伸びようとすることの大切さを体感し,これからの生活の中で生かそうとする。

(3) 学習指導過程の実際（顕著な変容が見られた学習）

本総合単元は,道徳性の育成を教科（体育科）横断型で行う構想である。体育科での学びを体験として教科等が関わり合うことにより児童が変容している様子と教師の評価（見取り）を以下に示すこととする。

	A児の変容	評価（見取り）
①学活	「友達ができないことがあったら,教える」というめあてをもつ。	・人間関係に課題のあるA児は,めあてはあるが実践が難しい。
⑥体育	「女の子とも作戦を考えて勝ったのが嬉しかった。T児（特支）にもルールを教えた。」	・周りの児童の変容に影響を受け,A児は自分から周りの児童に関わろうとする姿が見られ始めた。称賛し,A児のよさを紹介した。
⑦道徳	「友達の悪いことを黙っておくんじゃなくて注意し合いたい。」	・注意し合うのも相手を思っての行動であることを知り,「友情,信頼」の価値を多面的に理解している。
⑩体育	「みんなが応援してくれたからいつもよりタイムが速くなった。」	・自分から周りの友達に教えたり,友達からの応援に喜び,感謝したりするようになった。
⑪学活	「友達から言葉をもらったのが嬉しかった。友達とこれからもなかよくしたい。」	・「たたえ合う会」で友達の頑張りや,感謝の思いを書いたカードを笑顔で交換し合う姿が見られた。

(4) 実践において,継続して行った工夫

○子供の見取りを生かして意欲付けをする。
○本総合単元計画に組み込んでいない教育活動についても,子供たち

が関わり合って活動できるように意図的に教師が支援する。
- 教室掲示によって，すぐに振り返ることができるようにする（板書や写真，意見等を学習が進行するに従って随時増やしていく。可視化することで，意識の連続化を図る）。
- 認め合う場をつくる（よさを認め合う場を意図的につくるとともに，取組を家庭に持ち帰ったり，学級新聞に載せたりして保護者にも知らせる場をつくる）。

(5) 道徳科授業とのつながり

総合単元の展開において，児童が体験したことと道徳科の授業をどのように結び付けていくかが課題となる。本単元の⑦の道徳科の学習過程を例に説明したい。

学習活動	
1 「4-1なかまノート」を振り返り，今の気持ちを語り合う。	導入では、総合単元を通した表現物（「4-1なかまノート」）を見ながら，できるようになったことや実践が難しいことなどを語り合い，自分の気持ちを振り返ることで課題づくりに生かす。
2 教材を読み，登場人物の気持ちを話し合う。	道徳科の本質である道徳性の育成を行う。本時では「ねらい：相手のことを考えて，言いにくいことも伝えることができる信頼関係を築こうとする心情を高める」について考えを深めていく。
3 ひろ子さんから学んだことを「4-1なかまノート」に書く。	総合単元を通して自分の気持ちを書き続けている表現物（「4-1なかまノート」）に本時学んだことを書き込む。
4 次時のめあてを確かめる。	本時の学びを生かし，次の⑧学活の時間に相手の気持ちを考えた伝え方の練習（SST）をすることを伝え，意欲を高める。

(6) 教科横断型の総合単元的学習の成果

道徳科では，道徳性を養うことを目標としている。児童は体験を重

ねる中で価値内容の実現の難しさや他者の気持ちを実感することができる。他の教育活動との関連を図り，計画的に実践を積み上げることで児童は少しずつ変容し，協力し合って活動できるようになった。

3　高学年：B−(7)　親切，思いやり［共に生きる心について考えよう～特活，総合等との関連～］

(1)　教科等横断型の道徳学習（道徳科＋学級活動＋総合的な学習の時間＋図画工作科）の総合単元構想

| 単元名 | 共に生きよう！人でつながるボランティアの輪 | 時間数 | 26 |

〈身の回りにある差別や偏見に気付き，それを許さない強い心をもち，自分や他の人の人権を尊重することができる。〉

　　　　　　　　　　　　　　　　　[ ]総合的な学習の時間・図画工作科
　　　　　　　　　　　　　　　　　[ ]道徳学習　　　　　[ ]学級活動
　　　　　　　　◎…道徳学習のねらい　　　○…学習の目標

---
① 「共に生きる心」について考えよう。　　**学級活動**（1時間）
○　心がつながったり，うまくつながらなかったりした出来事を振り返り，共に生きる心を高めるためのめあてづくりをする。

↓

② 「福祉」ってなんだろう？　　**総合的な学習の時間**（2時間）
○　「福祉」連想マップを描いたり，調べたり，話し合ったりして，「福祉」について関心をもつ。

↓

③　命を見つめて　　　　　　　**道徳**（1時間）D-(19)生命の尊さ
◎　自分を愛することの大切さに気付き，そのことから自他の命を尊重し，共に精一杯生きようとする心情を育てる。

↓

第4節　教科等横断型の総合単元的授業づくり

④　「福祉」について学ぼう　　　**総合的な学習の時間**（3時間）
○　香川県社会福祉総合センターでの「車いす体験」や「高齢者体験」を通して，相手の立場に立つことの大切さに気付く。

↓

⑤　駅の階段で　　　　　　　**道徳**（1時間）B-(7)親切，思いやり
◎　相手の立場や気持ちを考えた本当の思いやりについて考えることを通して，困っている人の立場に立って接しようとする心情を育てる。

↓

⑥　人権について考えよう　　　　　**学級活動**（1時間）
○　自分たちの日々の生活や栗っ子学習（総合的な学習の時間）での体験を振り返り，これからの活動の見通しをもつ。

↓

⑦　「福祉」について学ぼう　　　**総合的な学習の時間**（3時間）
○　特別養護老人ホームを訪問することで，高齢者の方に関わっている職員の方々から，本当の思いやりある行動を学ぶ。

↓

⑧　友達　　　　　　　　　**道徳**（1時間）B-(11)相互理解，寛容
◎　学級生活の中で，知らず知らずに生じている差別や偏見があることに気付き，友達に関わる思いやりある態度を育てる。

↓

⑨　人権について学んだことをまとめて交流しよう
　　　　　　　　　　　　　　　総合的な学習の時間（6時間）
○　学んだことをグループでまとめ，ポスターセッションをして友達の考え方のよさを学ぶ。

↓

⑩ 学んだことをポスターに描いて発信しよう

図画工作科（6時間）

○ 学習したことを全校生に伝えるために，分かりやすいキャッチフレーズと構図を考え，表現する。

↓

⑪ 「共に生きる心」を高めよう　**学級活動**（1時間）+家族会議

○ これからも心をつなぎ共に生きていこうとする態度を高める。

(2) 活動の実際（抜粋）

① 学級活動「共に生きる心」について考えよう

＊活動内容

　今までの経験の中で，心がつながったと感じた出来事や心がうまくつながらなかった出来事を振り返った後，「共に生きる心」を高めるためにこれから考えたいことやしたいことを話し合った。

＊A児の学び

　ペア活動で遊ぶ内容を決めて準備していたのに，1年生がつまらなそうにしていたから，とても悲しくなった。でも，もっと1年生のことをよく考えて計画したり，うまく伝えたりすればよかった。これから，心が温かくなる言葉や伝え方をみんなで考えたい。

単元の課題をもち，
総合的な学習へ

④ 「福祉」について学ぼう〈社会福祉総合センターでの体験学習〉

＊活動内容　　　　＊A児の学び

〈車いす体験〉　〈高齢者疑似体験〉

目隠しをすると，とてもこわくてびっくりした。押している人が，ひと声かけてくれるだけで安心することが分かった。だから，体の不自由な人が困っているようだったら，手助けをしたい。

手助けをする，という決心をして道徳の学習へ

⑤ 道徳「駅の階段で」

＊活動内容Ⅰ〈個人→グループ〉

不自由な足で階段を上る女の子，それを見守る女の子の母，見ている私，という3人の立場に分かれて気持ちを考えた後，グループでカード操作をし，「本当の思いやり」についてグループの考えをまとめた。

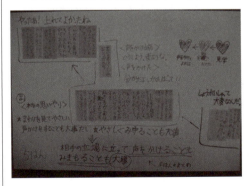

〈グループでのカード操作〉

＊A児の学び

手助けをしない，ということが相手の立場を考えることになることもあるんだな。

＊活動内容Ⅱ〈全体交流〉

　各グループの考えのよさや疑問点について話し合いながら，体の不自由な人とどのように関わっていけばよいか考えた。子供たちは，「声をかけて手伝いが必要かどうかを聞く」「温かく見守る」「心の中で応援する」という三つの考えにまとめていった。

＊A児の学び

　本当の思いやりが何なのか，わたしにはまだ分からない。でも，今までの自分は見守るだけで声をかけることができていなかったから，その人が何をしてほしいのか尋ねることにチャレンジしていきたい。わたしも，マット運動の技が一人でできそうだったのに，友達が手伝ってくれたのが嬉しくなかったことを思い出したよ。それと少し似ているかもしれないな。

道徳，総合的な学習，学活の
学びを図工へつなぐ

⑩　図画工作科「学んだことをポスターに描いて発信しよう」

＊活動内容

　道徳ノートや総合的な学習のファイルを見ながらポスターに入れる言葉を考えた。

第4節　教科等横断型の総合単元的授業づくり

　その言葉に合う構図を考え作品づくりへと進んだ。

＊A児の学び

　困っている人を見かけたら声かけをする，と学んだA児は「あなたの勇気で未来が変わる」という言葉を考えて作品づくりを行い，全校生に呼びかけると共に，家族会議で自分の思いを語った。

＊A児のポスター

＊家族会議でのA児の学び

　お父さんもお母さんも共に生きようとする心を大人になってもずっと大切にしているということが分かった。勇気をもって声かけをしていきたい。

第5節
プロジェクト型道徳学習を創る

1 総合単元的道徳学習の工夫

(1) 道徳科における「主体的・対話的で深い学び」

　平成27（2015）年3月の学習指導要領一部改訂により道徳は「特別の教科　道徳」となり，平成30（2018）年度からは，「主体的・対話的で深い学び」をキーワードとする新学習指導要領が全面実施となる。これを受け，現在各校においては，アクティブ・ラーニングの視点に基づく授業改善と，カリキュラム・マネジメントの視点からの教育課程の改善整備が急務となっている。

　そこで，道徳における授業改善を図るに際し，まず初めに今後道徳科で育成すべき「道徳的資質・能力」について考察し，図1のように整理した。

　そして，「道徳的資

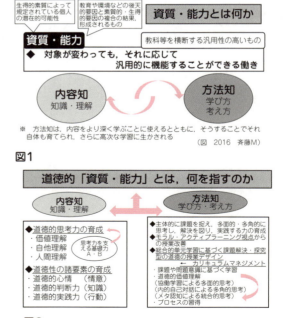

図1

図2

質・能力」とは，将来子供たちが出会うであろう様々な問題や課題に対して，人としてよりよい生き方や在り方についての考えを自ら深め，実践に生かすことができる資質・能力であると捉えた。

さらに，その育成を図るためには，道徳の授業づくりにおいて，図2のように知識や理解に関わる「内容知」と，学び方や考え方に関わる「方法知」の二つの側面からの取組が必要であると考えた。

この「内容知」では，子供自身が課題意識をもち，自ら主体的に道徳的価値や，自己のよりよい生き方について探究していくための「道徳的思考力」の育成が，より重要となる。

また，「方法知」では，この「道徳的思考力」を深めるための指導方法の工夫がより重要となる。つまり，子供が主体的に道徳的思考力を深めるためには，思考の道筋をつくる必要がある。そして，子供がその道筋を辿る中で，多面的・多角的により深く思考し，自分なりに新たな価値を見いだしていくプロセスを通して「学び方」を習得する指導の工夫が大切となる。

そこで，武庫川女子大学の押谷由夫教授が，平成9（1997）年に提唱した「総合単元的道徳学習」，並びに平成28（2016）年に提唱したモラル・アクティブ・ラーニングの手法にヒントを得，上に述べた「内容知」と「方法知」の二つを視野に，図3のような単元構成に基づく「総合単元的・課題探究型の授業」をデザインした。

そして，取り扱う内容項目を人間の道徳性育成の根幹に大きく関わる「生命尊重」として，この授業デザインに基づく道徳の授業が，道徳的思考力を深め，道徳的資質・能力の育成を図る

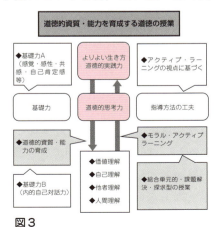

図3

上で有効であるかの検証を試みることにした。以下では，「総合単元的・課題探求型」の授業づくりについて述べる。

(2) 総合単元的道徳学習とは

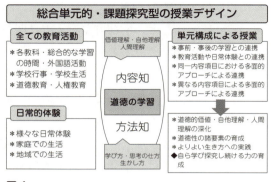

図4

押谷氏は，子供たちが生涯にわたって自己のよりよい生き方を追究していくには，様々な道徳的な課題や問題に対して主体的に取り組む力を育む必要があるとした。そして，そのためには，(1)子供の実態を基にした教師の思い，(2)学校の全体計画や重点目標，(3)時代や社会のニーズの背景等から，道徳の学習で考えたい学習テーマを設定し，それに基づいて単元を構成し，子供自らが課題意識をもって，道徳の時間のみならず，事前や事後学習における様々な体験や調べ学習を通して学習テーマについての考えをより深めていくことが重要であるとして，これを「総合単元的道徳学習」と称した。

さらに，この手法には，単元構成の点から大きく以下の二つの捉え方があるとしている。

その一つは，道徳の授業を核として，その前後に道徳の授業に関わる事前・事後の学習を組み入れるという方法である。この方法で道徳の学習を行うと，子供は取り扱う内容項目について，様々な視点から多面的・多角的に道徳的思考を深めることができ，情意面，知識面，行動面から統合的に道徳性の育成を図ることがより期待できる。

もう一つは，道徳の授業を他教科や各種行事と関連付ける方法である。この方法は，別様等の作成によって様々な教育活動と道徳の授業

との関連を可視化し，それによって道徳教育の要として位置付けられている道徳の授業をより効果的に機能させて道徳性の育成を図るという方法である。

この後者の方法は，前者のように道徳の授業そのものについての思考や理解を深めるために，事前・事後の学習を直接的に組み入れるのではなく，より広い視点から間接的な相乗的教育効果をねらうものである。今後，道徳の授業を学校教育の要として，より効果的に実践的に機能させていくためには，各学校が個々の課題を捉えて，重点目標等を定め，その改善を図るコアとしての授業を位置付けていくことが，とても重要になる。

今回の学習指導要領で，「授業改善」と「カリキュラム・マネジメント」が共に重要視されているが，それは上記関連によるものからではないだろうか。

そこで，授業づくりでは，「内容知」「方法知」視野とする「授業改善」，道徳教育との相乗的関連を図る「カリキュラム・マネジメント」を視野に，より広い視点から「道徳的資質・能力」の育成を試みる必要がある（図4）。

以下では，実際の授業づくりと実践の様子について述べる。

(3) 総合単元的道徳学習に基づく授業デザイン

上記を踏まえ，本授業では，道徳性育成の根幹と言える内容項目「生命尊重」を取り扱い，学習テーマ設定の下に図5のように単元を構成し，3時間扱いとした。

そして，様々な切り口から子供たちが「生命」について考えることで，「生命」に対する関心をより高め，子供が主体的に学習課題について探究していけるようにした。

また，その過程を通して道徳的価値理解・自他理解・人間理解を深め，自己のよりよい「生き方」についての考えを一層深めさせ，「内容知」と「方法知」の二側面から「道徳的資質・能力」の育成を図る

ことにした。以下では，本単元構成に基づく授業づくりについて詳しく述べる。

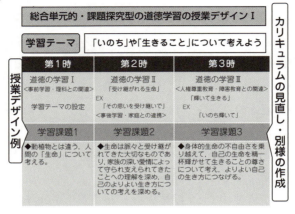

図5

(4) 総合単元的・課題探求型の授業づくり

① 総合単元構成を考える

5年生ともなると，子供たちは，理科・保健・国語等の教科，あるいは学校行事等で「生命」について学ぶ機会を得ている。したがって，「生命は，なぜ大切なのか」と問うと，「一度きりだから」「一つしかないから」という言葉が即座に返ってくる。

しかし，その大切さを真に理解し，自他の生命を大切にして日々生きているかと言えば，その意識は薄く，生命の大切さに対する理解が，実感を欠いた知的で表面的な理解となっている場合が多い。

この背景には，核家族化や少子化に加えて，自然と人間の生活環境の棲み分けや，人の誕生や死が家庭を離れた病院等で取り扱われることが多いという社会状況があり，子供が日常生活の中で様々な生命に触れ，感じ，考える機会の減少等が，子供の道徳性を育む上で大きな課題となっている。それゆえ，1時間の道徳の授業で「生命尊重」の価値について内面的に深めることは難しく，ましてや自己のよりよい生き方につなげ，実践に生かすというところまでは，なかなか行きつ

けないという現状がある。

そこで，本授業では学習テーマ設定の下に単元を組み，生命の諸要素「神秘性」「偶然性」「有限性」「共生性」「連続性」「唯一性」「尊厳性」等について，様々な切り口から考えさせ，道徳的価値への理解を深めていくようにする（内容知）。

加えて，一連の単元プロセスを通して道徳的価値に照らして自己を見つめ，内的・外的な対話を深める中で，自らのよりよい生き方についての考えを深め日々の生活に生かす力を培っていくようにする（方法知）。

② 学習テーマと学習課題の設定

子供が，単元を通して道徳的諸価値について理解や考えを深めていくには，その単元を貫く学習テーマの設定が必要になる。そこで，学習テーマを設定する際には，子供と教師とが共に学習テーマをつくることがとても重要になる。なぜならば，教師の学ばせたい内容と子供の学びたい内容とが，著しくかけ離れていると，子供の学ぶ意欲は高まらず，学習への取組も消極的になってしまうからだ。したがって，教師は，道徳的価値に関わる子供の実態を把握し，そこに見いだせる道徳的課題を子供と共有しつつ，共に学習テーマを設定することが大切になる。

そこで，本単元の第1時では，「生命」に加えて，自らのよりよい生き方についての考えについても深めさせたいと思い，「生きる」ということについての関心を高めるために，以下のような方法で学習テーマづくりを行った。

子供たちは，すでに理科で植物の生長について学んでいることから，その学習と関連付けて，植物の一生と人間の一生の写真を比較提示し，「植物の生命と人間の生命の違いは何か」と尋ね，グループで話し合わせた。その結果，子供たちは，「植物は種を残して死んでいくが，人間は生きている途中で子孫を残す」「植物は人や自然の恵み

によって生きるが，人間はそれに加えて自らの意思によって生きることができる」といったことに気付き，「生命」への関心を高めた。

次に，写真のように「人間の一生」に焦点を当て，「誕生」から「死」に至るまでを俯瞰させることで，人間はその間を「生きる」「生きている」という概念を捉えさせた。子供たちは，人の一生を改めて客観的に捉え，「生命」や「生きること」を自分のこととして受け止め，もっと考えたいと思うようになった。

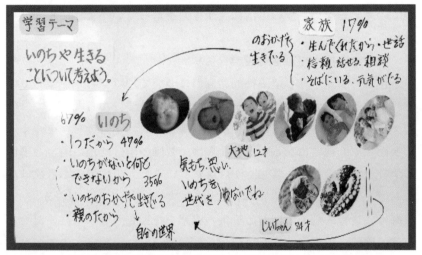

そして，「いのち」や「生きること」について考えようという学習のテーマが設定された。単元学習における学習テーマの設定は，その後の子供の取組意欲や，それに伴う道徳的思考の深まりに大きな影響を与えるため，一層大切にしたい部分である。

③ 道徳の授業での課題設定のポイント

学習テーマを探究していくためには，まず教師自身が，「本時の道徳の授業で考えさせたいことは何か」を明確にする必要がある。そこで，導入では，「生命尊重」の価値に関わるアンケート調査を基に本時の授業に関わる課題づくりを行った。この世で「一番大切なものは何か」という問いへの子供の回答は，実施校4校共に第1位「いの

ち」，第2位「家族」であった。また，「自分のいのちは誰のものか」については，第1位「自分のもの」，第2位「家族や両親」と回答した。そこで，「生命」と「家族」の間には強い関係がありそうだという子供たちの予見の下に，「家族」という視点から「生命」について考えていくことにし，道徳の学習Ⅱの学習課題を(1)なぜ，「いのち」は大切なのだろう・(2)どのように「生きていく」ことが大事なのかと設定し，授業を進めていくことにした。

　また，教材として，自作教材「その思いを受けついで」（文部科学省「わたしたちの道徳　小学校5・6年」）を用い，じいちゃんの大地への思いを核に「家族」の視点から「生命」についての理解を深めさせていくことにした。加えて，じいちゃんの死から約20年経った今なお，その思いを自らの「生き方」に生かしている自分について話し，「生命尊重」の価値や，「生き方」についてより深く考えさせていくことにした。

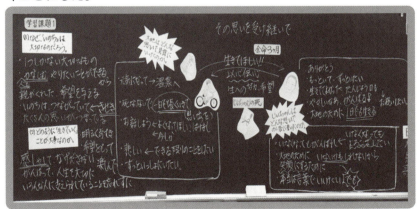

（5）　指導方法の工夫

①　「主体的・対話的で深い学び」とするために

　道徳的思考力を深め，「深い学び」にするためには，「主体的」で「対話的」な学びにしていく必要がある。そこで，私は，図6を基に以下の点において指導の工夫を試みた。

<主体的な学びにするために>
① 子供と共に学習テーマを設定し，単元学習を通して思考を深める。
② 学習テーマを多面的・多角的

主体的・対話的でより深い学びとするために

問題意識・課題意識をもたせる
・子供の実態を探る。
・子供の思考の流れに寄り添って学習テーマや学習課題を設定し，教師と共有する。
・学習意欲を高め，継続させる。

モラル・アクティブラーニング

対話によって思考を広げ・深める
教材との対話
他者との対話
自己との対話
を深めることで，理解や思考を広げ・深める。

繰り返すことで学習プロセスを習得する
・情・知・意（感性・知識・意志）の統合を図り，メタ認知によって理解を深める → 実践する
・新たな課題に気付き，さらに探究し続けることができる。

図6

により深く追究するための課題設定の下で，そのときの授業を行う。
③ ワークシートを工夫し，子供自身が授業の中で感じたり，思ったり，考えたりしたことを自由に書き加えていけるようにする。

<対話的な学びとするために>
① 教材・他者・自己との対話を深める場を意図的に学習過程に組み入れる。
② 多面的・多角的に対話を深めるために，自己の考えと他者の考えを付箋で色分けし，自己の思考の深まりを感じつつ，終末で学習課題や学習テーマについて立ち返らせ，理解を深めるようにする。
③ 思考の流れを捉えながら話し合いを深め，多面的・多角的に思考の練り上げが行われるよう，思考の道筋が可視化できるよう板書の構造化を図る。

<深い学びとするために>
　上記２つの視点からのアプローチに加えて，押谷氏が提唱する「モラル・アクティブラーニング」の手法に基づき，心と頭と体を活性化させながら道徳的思考力を深めていけるようにする。
② モラル・アクティブラーニングとは
　新たな視点に基づく道徳の授業改善では，分かりきったことを問い，答える授業ではなく，子供が道徳的課題を自分事として捉え，教

材・他者・自己との対話を通して新たな価値やより質の高い価値を見いだす「考え議論する道徳」への改善が求められている。しかし，「考える」ことや「議論する」ことを意識するあまり，道徳の授業が，その特質上最も大切にすべき「価値に照らして自己を見つめる」という部分が疎かになってしまうことがある。

したがって，本授業では，押谷氏が提唱するモラル・アクティブラーニングの手法に基づき，道徳的諸価値に触れて心を動かし，それを頭で考え，そして実践するというサイクルを繰り返す中で，価値理解・自他理解・人間理解をより深め，自己のよりよい生き方や在り方を自ら探究し，実践することを繰り返していくことで「道徳的資質・能力」の育成を図ることにした。

(6) 実際の道徳学習の様子

事前学習で設定した学習テーマ：「いのち」や「生きること」について考えようの確認後，第2時（図5参照）では子供たちはアンケート調査から「生命」と「家族」の関係に関心をもち，本時の学習課題：①なぜ「いのち」は大切なのか。②どのように「生きる」ことが大事なんだろう。を基に授業を行った。教材提示では，子供たちの心に響くよう映像を提示しながら教師が範読した。また，発問は3つに絞り，のし袋を介して大地とじいちゃんの心が通い合う様子を板書で見えるように工夫した。また，話し合いをペアから全体へと広げ，子供たちが互いの意見を大切に受け止めながら，より考えを深め練り上げていくようにした。板書で子供たちの考えを類型化し，道筋を明確にしたことで，お互いの考えを自信をもって述べ合い，道徳的思考を深めることができた。また，終末で実際の写真映像を見せたことで臨場感が高まり，感極まって涙する子供も多々見られた。そして，今，私自身が，父の深い思いを受け継ぎながら，どんな思いで「生きている」のかを伝えて授業を終えた。

(7) 事後の学習での様子

事後学習として子供たちに授業で使ったワークシートを持ち帰らせ，それを基に自分の幼い頃の様子を家族に聞くように宿題を出した。子供たちはそれぞれに家で自分の幼い頃の話を聞き，お気に入りの写真を貼って自分の「生命」と「家族」との関連について考えたことを書き，自分の「生命」は家族や先祖とつながり，深い愛情をもって大切に育てられてきたことを理解し，自分の「生命」を大切にして一生懸命に生きていきたいとの思いを強く抱いていた。

道徳の学習Ⅲ（図5参照）の「いのち輝いて」の学習では，全盲のパラリンピアン高橋勇市さんをゲストティーチャーとして授業を行った。子供たちは生命あることに感謝し，その生命を輝かせて前向きに生きる姿を深く感じ，自己のこれからの生き方について具体的に考えることができた。

この一連の単元学習により，子供たちは「生命」や「生きる」ことについての理解を個々に深めることができた。

(8) 今後の課題

今回の授業の展開を通して，今後は，学校の教育目標や重点的取組課題を明確にし，その具現に向けて各教科・特別活動・総合的な学習の時間・行事と道徳の授業をより関連付け，それによって相乗的に道徳性の育成を図るプロジェクト型の道徳学習を構想し，実践していくことがとても大切なことのように思われた。それには，カリキュラムの見直しとマネジメントが大きな課題となる。

2　人物を取り上げ学級経営と関わらせる道徳学習

(1)　はじめに

　道徳科の学習では「考え，議論する道徳」への質的転換を求めているが，授業技術だけでそれは実現可能であろうか。どれだけ発問や指導法の工夫を研究したり，魅力的な教材を扱ったりしても，子供たちの心構えができていなければ，生き方についての考えを深めることにはつながらない。ここで言う心構えとは，人の生き方に着目することのできる心の状態を指す。では，人の生き方に着目し，生き方についての考えを深めるためにはどのような手立てを講じることができるのだろうか。その手立てを考える上で大切なのは，普段からの学級経営と道徳学習との関わりに目を向けてみることである。

　そこで，この節では，手立ての一例として学級経営と人物を取り上げた道徳学習とを関わらせ，子供たちが主体的に学びに向うための取組を紹介したい。

(2)　人物を取り上げ学級経営と関わらせる道徳学習の具体

①　人物教材の意義

　道徳教材には様々なものがあるが，その中でも，特に子供たちが興味をもつのが実在した人物の生き方が描かれている人物教材である。道徳学習をする際，子供たちが「明日の道徳は人物？」と聞いてくる。人物教材を扱うことが分かると，歓声が上がる。この様子からも，様々な人物の生き方を知りたがっていることは明らかである。なぜだろうか。それは，先人が生き抜いた本物の人生だからこその魅力があり，子供の心にダイレクトに響くからだと考える。このことは，高学年だけでなく，中学年，低学年においても同じことが言える。

　また，人物教材が道徳学習に与える効果として，①道徳的価値の大切さを憧れや規範となる人物を通して学ぶことができる，②自分を見

つめる鏡としての役割が期待できる，③道徳的価値の統合が図られる，④原初的な心的エネルギーが湧出される，の4点を挙げることができる[1]。このように，人物教材を扱うことで，子供たちは興味をもって学習に取り組むとともに，道徳的諸価値の大切さを具体的なモデルを通して学ぶことが期待される。

② 学級経営との関わり

　子供たちにとって人物教材は魅力があるが，それに加えて，子供たちが普段から自己や他者の言動に着目する素地を養っていたとすれば，学びはさらに深いものになる。ここで言う学びが深まるとは，道徳学習の際，道徳的問題を自分事として捉えたり，多面的・多角的な考え方をしたりすることである。

　そもそも，子供たちはよりよく生きたいと思っていると同時に，様々な人の生き方について知りたがっている。しかし，その本能たるものが目を覚ますことなく日常の生活に埋もれ，現代の子供たちの「閉じた個」の問題としての自尊感情の乏しさなどにつながっていることを感じている。そのような今だからこそ，生き方についての意識を高めていきたい。また，道徳学習を行う際には，生き方を語り合う姿の表出を目指したい。ここでは，そのために行っている学級経営の取組のうち，2点紹介したい。

(i) 論語素読と楷(かい)の木の生長

　生き方についての意識を高めるための取組の一つに，毎朝の論語素読がある。これは，論語の考えを教えるのではなく，論語を通して自己や他者の言動に着目する素地を養うことを意図している。

　論語素読は，論語ノート（写真1）というメモ帳程の大きさのノートに，論語を貼り付けたものを見ながら行う。毎朝，日直が好きなところを選び，それをみんなで素読するというものである。毎朝，素読をすることで，人間の生き方に着目できるようになってくる。毎年，この実践を行っているが，共通していることは，「最初は意味も分か

らずただやっていたが，論語に書いてあるような行動をしている人が本当にいる」という発言をする子供が必ずと言ってよいほど現れるということだ。これは，普段から人の言動に着目できるようになってきているということである。このように生き方への意識が高まってくる

写真1　論語ノート

と，道徳学習においても，生き方について深く考えられるようになる。

　論語の素読に併せて，楷の木（写真2）を学級で育てることにしている。楷の木は，別名「学問の木」とも呼ばれ，教育に相応しい名前をもつ。ある子供の感想に「悪いことをしたときは楷の木の葉が下を向いていて，よいことをしたときは楷の木の葉が上を向いていて，もっとよいことをしようという気持ちにさせてくれました」とあった。これは，楷の木を通して，

写真2　楷の木

自分の心を語っているのであり，自分を見つめることができるようになっているということである。

(ⅱ)　様々な人物と出会う機会を設ける

　楷の木の生長と論語の素読を通して，子供の心はしなやかになり，生き方についての意識が高まっていく。そして，その意識をさらに高めるために，道徳学習のみならず，普段の学校生活のあらゆる場面で，人物と出会う場を設ける。例えば，朝の会の中で人物にまつわる話を行う。子供たちは，真剣な目で話に聞き入る。そのような姿を見ると，子供たちは学びたがっているということを感じずにはいられない。そのようにして人物と出会っていく中で，論語と人物を結び付けて考えるようになってくる。年度末にとったアンケートで，ある子供

の感想に「論語の中に『子曰く，君子は周して比せず，小人は比して周せず』と書いてあります。功績を残している人物はこの論語ができているといつも思います」というものがあった。論語素読や人物との出会いを通して，人物の人柄や生き方を深く見つめることができるようになってくるのだ。

(3) 学級経営の取組から生まれる個々の判断軸

　これらの取組を通して，子供たちは物事を考えるときの判断軸をもち始めていく。そして，各々が判断軸をもつことで，道徳学習において生き方を語り合う姿が表出されるようになる。子供たちが生き方を語り合うために必要な視点は，主に次の三つと考えている。
　　○人物の生き方に自分の経験を重ね合わせる視点
　　○自分ならどう考え行動するかという視点
　　○この生き方のここがすごい，を見つける視点
　このような視点をもち，語り合うことで，生き方についての考え方が深まっていく。それに加え，人物教材を基に，その生き方について語り合うことで，学びがより深いものとなっていく。学級経営をうまく関わらせることで，これらの視点をもつことは可能である。

(4) 授業の実際

　人物教材の魅力と，学級経営との関わりについて，授業の実際を基に述べていきたい。
　本実践は，「世界のスピードに挑戦した男　本田宗一郎」（林敦司作）を3年生で行ったものである。

① 人物の生き方に着目する姿

　教材を読んだ後に，「本田宗一郎は，どうしてそんなにも前向きになれたのだろう」という疑問が多く出てきた。子供たちは，本田宗一郎が前向きになれたのはなぜかを知りたいという思考になっていた。これは，普段から生き方についての意識を高めているからこそ，このような疑問をもつことができるのではないだろうか。その人物の行っ

第5節 プロジェクト型道徳学習を創る

板書例

た行為について知りたいという欲求をもち,学習に臨むことは,まさに,学びに向かえていると言ってよい。

② 生き方についての考えを深める姿

ただ単に,先人が成し得た偉業を知るだけでは,生き方についての考えは深まらない。前向きになれたのはなぜかを知るとともに,その難しさも自分事として捉えられるようにしたい。学習中,次のような発言をした子供がいた。「自分がスタッフだったら,負けが決まっているような試合はしたくない」。「どうして」と問い返すと,「差をつけられて負けると,恥ずかしいから」と発言した。自分事として考えている姿がそこにあった。挑戦することの価値に気付きつつも,それを実現することの難しさを捉えている姿である。「わざわざ負けるために,何も考えずに挑戦したのかな」と問うと,「ぜったい負けると決まっているわけじゃない」「ものすごい勇気をもっていたのでは」「覚悟があったんだよ」などの意見が出てきた。

生き方を語り合う視点をもって話合いを進めていく中で,子供たちは,道徳的問題を自分事として捉えたり,多面的・多角的な考え方をしたりする。人物教材は魅力的であるからこそ,日ごろの学級経営との関わりにより,学びが深いものになる。それが分かるのが次の発言である。「『チャレンジしての失敗を恐れるよりも,何もしないことを恐れろ』という宗一郎の言葉をその場で聞き,自分も体験してみたかった」。その場に自分もいて,その雰囲気を味わいたいというのだ。

続けて,「『何もしないことを恐れろ』という言葉を大切にしていきたい」と付け加えた。宗一郎の言葉が,子供の心にダイレクトに響いている様子がうかがえた。

(5) おわりに

人物を取り上げ学級経営と関わらせる道徳学習について述べてきた。このような道徳学習を行う中で,子供たちは,「道徳の人物教材って楽しい」と言う。子供たちが言う楽しさとは,先人の偉業に感動し,先人の人生を追体験でき,それを友達と語り合うことができるという人物教材の特質から生まれていると考える。そして,この人物教材を扱った授業の楽しさを支えているものは,学級経営での取組がもたらす,生き方についての意識の高まりである。

紹介した学級経営の取組は,一例である。教師が豊かな発想をもち,こうでなければならないという決めつけをもたない取組が望ましい。道徳学習は,技術に頼っていても実効性は上がらないだろう。「教師と子供との人格的な触れ合いによる共感的な理解」と言われるように,まずは子供たちと語ろうとする姿勢が大切である。そのためにも,日々の学級経営が道徳学習における深い学びにつながるという視野をもっておきたい。

【引用文献】
1) 林敦司『「特別の教科 道徳」の授業構想に関する一考察』日本道徳教育学会『道徳と教育』第333号,日本道徳教育学会,2015年,p.160

【参考文献】
○永田繁雄『「道徳科」評価の考え方・進め方』教育開発研究所,2017年

3 郷土愛を育む道徳学習
　——出会い・つながりを大切にすること・"我が町"を誇りに思うこと——

(1) はじめに

　生まれた町，育った町に愛着や誇りを感じて生きる人は優しい。心の中に帰ることのできる居場所がある人は強い。

　「小学校学習指導要領解説　特別の教科　道徳編」第3章第2節の「内容項目の指導の観点」C−(17)の「伝統と文化の尊重，国や郷土を愛する態度」冒頭に「自分が生まれ育った郷土は，その後の人生を送る上で心のよりどころとなるなど大きな役割を果たすものである。また，郷土は，生きる上での大きな精神的な支えとなるものである」とある。

　また，新学習指導要領の総則の「第6　道徳教育に関する配慮事項」の中に，指導の重点として「伝統と文化を尊重し，それらを育んできた我が国と郷土を愛するとともに，他国を尊重すること」と記されている。

　郷土に対する誇りと愛着を育み，ここに生まれてよかったと思える子供に育てるには，どうすればいいのだろうか。

　吉田松陰の言葉に「国は人を以て盛んなり」とある。全ては「人」で決まる，国は人によって豊かになる，という意である。郷土のよさを感じられるのは，そこに生きた人の素晴らしさを知ることから始まるのではないか。

卒業式の日の黒板メッセージ

そこで，卒業を控え新しい世界へと羽ばたく節目の希望を抱く6年生に，郷土が生んだ偉人の生き方から学ぶ総合単元的な学習を体験学習の時間を軸にデザインした。人として憧れを抱き，その人に縁ある町に生まれた自分を見つめることを通して，「堺愛」を育みたいと願っての実践である。

(2) 学習の実際

まず，大切なことは，ゴールを見据えねらいに関わる学習場面を把握し，計画的に構想を練ることである。体験的な学習とリンクさせることも実感を伴って子供たちの心に深く響くことであろう。そこで以下のような構想図を作成した。

総合単元名〈人の生き方から学ぶ〜子供の心に「堺愛」を〜〉

	学習活動
1学期	① 「先生の『堺愛』を知る」（総合）7/13
2学期	「安土桃山江戸時代の三人の武将」（社会） ↓ ② 「千利休の生き方から学ぶ」（総合）9/10 ↓ Ⓐ校外学習 "茶の湯体験" 〈於　大仙公園〉9/12 「日清・日露戦争」（社会） ↓ ③ 「与謝野晶子の生き方から学ぶ」（総合）11/1
3学期	Ⓑ「中央子どもまつり」にて全校へ 総合での学びの発信（10ブースに分かれて） 〈テーマ〉「人の生き方から私たちが学んだこと」1/24 ④ 「車いすダンスの方々をお迎えして」（総合）2/7 ⑤ 「安西冬衛の一行詩から学ぶ」（国語）3/9

① 教師自身が『堺愛』を語り，願いを伝える

私自身，堺で生まれ堺で育ち，そして地元堺で教師になった。子供たちにとって身近な大人，担任である私の生き方を語ることは，子供たちにとって興味深いものとなるようだ。

私は中学校3年の夏に，堺青年会議所主催「青年の翼」派遣団の一員として観光大使となり，姉妹都市の鹿児島県種子島，西之表市にホームステイをするチャ
ンスに恵まれた。種子島での交流に向けて，堺を語れるようにと事前に利休ゆかりの南宗寺にて合宿を行った。そこで初めて知った堺の町の魅力，かつて「東洋のベニス」と謳われ，織田信長にも愛された自治都市であったことに感動したことを子供たちに話をした。鉄砲が縁で姉妹都市となっている種子島でのホームステイ体験では，他人が家族として迎え入れてくれた幸せを語った。それが「人が好き！」の原風景となり教師という「人育て」の道を選んだ理由となったこと，そして，「他人から愛された記憶は人を強くしてくれる」こと，当時お世話になったご家族とはその後もつながりを保ち，それが出会いを大切にすることの一つだと伝えた。

　子供たちは真剣に話を聴き，次のような感想を語った。

・先生みたいな出会いがしたいな。堺も種子島もいいところいっぱい。なんかいいな。今日の授業で6の1のみんなと出会えたこともよかった〜って思いました。

・人との出会いが人生を変える，出会うことで成長していくんだと思いました。堺についてもっと知りたくなりました。

　総合単元学習の入り口として，この授業は子供たちにとって次へつながる貴重な学びの時間となった。

② 〜堺が生んだ茶聖〜千利休の生き方から学ぶ

　堺市は平成18年度から「堺スタンダード茶の湯体験事業」を実施している。自国の伝統文化を知るとともに，茶道において大切にされている「もてなしの心」や人との関わり方を学び豊かな心を育むことを

ねらいとして「茶の湯」を6年生に体験してもらった。

　これを、ただ体験することだけに終わるのでなく、社会科の戦国時代の学習の時期と重ね、歴史背景を学び、かつ千利休の人生を知るこの学びをリンクさせてから臨むようにすると、利休の「茶聖」と言われる所以、茶室の中は小宇宙、人間の身分に上下なしと説いた潔さ、中でも、「利休七則」の意味に感動した子供たちはそれを一生懸命覚えて校外学習に挑もうとした。

　この授業から2日後の校外学習先の堺市大仙公園茶室「伸庵」では、誇らしげに千家の先生方の前でクラスみんなで利休七則を唱え、「初めてですよ、素晴らしい！」とほめられ満足気だった子供たちの姿が忘れられない。

・当日は、利休が大事にした侘茶の心を心にお茶を飲もうと思う。今日、この利休の授業があってよかった。
・利休のことをよく知れた。侘茶を愛し身分関係なく、人思いでみんなから愛されていたんだと思う。僕もそんな人になりたい。

Ⓐ〈茶の湯体験後の感想〉

・千利休と同じことをしていると思うとうれしくなった。体験をして、侘茶の素晴らしさや大切さを知れた。そして、利休の人生がいっそうすごいと感じた。
・事前に調べたり勉強したりしてから行くと学びが深まるとわかった。
・利休が堺に生まれて茶の湯の歴史を残してくれて今、こうしてお茶を飲むことができてよかった。

第5節　プロジェクト型道徳学習を創る

③　与謝野晶子の生き方から学ぶ

　これは，1年で一番多くの保護者が教室を訪れてくれる日曜参観の日を選んだ。堺の先人について親子で考え，家庭でも話題にしていただけることをねらっての実践である。奇しくもこの日は〈古典の日〉でもあった。記念日や誕生日，命日などを選んで授業をするのもインパクトのある実践となるようだ。

　授業の導入に，堺に縁のある先人，有名人の写真クイズに親子でチャレンジしてもらい，最後に晶子を紹介した。また晶子の人生をパワーポイントでまとめたものを提示しながら年表をつくり，写真や資料と共に晶子の，母として，女性としての生き方を知らせ，明治・大正・昭和を生き抜いた"情熱の歌人"として，また弟思いの姉として，最も大切なのは心の真実を伝えること，人を「愛すること」そして「愛」が大切だと信じた生き方を追った。

　授業の終わりには晶子の写真に続き，茶の湯体験のときのクラス集合写真をテレビに映し，「君たちも同じ堺出身者だよ」と余韻を残して終えた。

> ・私も晶子のように，自分の意見を言える強い大人になりたい。
> ・どんなに苦しいことがあっても，乗り越えていった晶子を尊敬する。
> ・いつも晶子のように本当の心をもとうと思った。

Ⓑ「中央子どもまつり」にて，学びの発信

本校では３学期に全学年・学級が，生活科や総合的な学習の時間に学んだことをまとめ，表現方法を工夫して全校に発信する「中央子どもまつり」を児童会行事として行っている。６年生は内容も発信方法も下学年の手本となろうと力が入る。今回は，子供たちからの提案で，学年目標「男女混合・心は一つ・信頼される道標・輝き誇れる最高学年」が叶うよう，学級の枠を超えて，学年で10のブースづくりをする運びとなった。

千利休紹介ブースでは，「利休七則」をパワーポイントで示して一つずつその意味を紹介し，「手作り七則かるた」をつくって楽しんでもらう工夫が低学年の子供たちに好評だった。

与謝野晶子紹介ブースでは，晶子の人生を写真や映像で伝え，晶子の短歌や，晶子の残した言葉は短冊に穴あきで書いて示し興味を引いた。どのブースも伝えたいことを一人一人がよく自覚できており，自信をもって話せているのが

印象的であった。

④ 車いすダンス日本代表選手　ジェネシスの方々をお迎えして

ここでは，今，出会うことのできる堺出身の先輩としてジェネシスの方をお迎えし，より身近に目標とできる方から，「生きる」とはどういうことなのかを感じさせていただいた。先人の歴史から学ぶだけではないリアルな出会い。

実際に車いすダンスを体験もさせていただけた。体験後，本音で語ってくださった自身の「挫折と夢」。卒業を意識し始める２月に，希望につながる「自分次第」「人間ってすごい」というお話をうかがえた幸せを子供たちも本音でつづったり発表したりした。

・一番心に残ったのは本当の友達をつくっていくこと。誰もが味方しなくても，最後に残った一人が本当の友達なんだ。
・「世界が変わらないなら自分が変わればいい」ということ，「できることからしていけばいい」こと，「周りがその人を変えていける」ことも知れた。
・今僕の一番大切なことを教えてもらえた。自分ももっと変われる！と勇気づけられた。
・１転べば１起きる・10転べば10起きる・100転べば100起きる，自分もこのように生きていければいいと思った。

---

⑤ 堺の先人から学ぶ〜一つの詩を通して〜

卒業まであと５日という日に，この授業を行ったのは，この安西冬衛の１行詩「てふてふが一匹　韃靼海峡を渡って行った」が新しい世界へ羽ばたく春を描いたものであったからである。安西氏は堺市立英

彰小学校を卒業し、22歳で大連へ渡った。しかし寒さに因る関節炎をこじらせ右足を切断された。そのころ書かれた1行詩が「春」である。

帰国後は堺市役所に勤務され多くの堺の小中学校歌を作詞している

ることでも有名である。私の中学校校歌も彼の作詞であり、子供たちに歌ってきかせた。冬衛の代表作品である詩「春」を、授業ではポイントを「題名を考えよう」に置き展開した。子供たちは、この題を「つながり・夢・時間・勇気・希望・心・道……」と、そう考える理由を大切に発表交流し、感心し合っていた。実は「春」だと知ったとき「なるほど！」と感動が広がった。

・ぼくは1年前の春を思い出した。あれから1年たってまた春がくると思うと少し寂しくなった。ぼくは卒業前のこの時期にこの授業があってよかった。安西さんは自分で新しい希望をつくっている……ぼくもそんな人になりたい。

・安西さんの詩から祖国日本に対する気持ちがすごく伝わった。悲しい時代ではあるがこの時代が安西さんを生み出し後世に名を残しているんだと思う。世界にはもっと偉人がいて、今もたくさん生まれているんだと感じた。

・ずっとまだまだ小学校で先生たちと勉強したい。けど、この蝶が向かっていったようにぼくも勇気を出して巣立ちたい。

---

(3) おわりに

この取組は、堺市において進められている、子供たちが"堺を知り、堺を学ぶ"「子ども堺学」のねらいにも即したものである。

本実践では,子供たちの実感を伴って心に響く「深まり」を大切にした。

各教科,特別活動の固有のねらいを大事にしながら,それぞれの学習や体験活動の中で子供がどんな意識になるのかをはっきり想定しておき,どの時期にどう他教科をリンクさせると効果的なのか見通しをもって取り組むことが「深まる」ことにつながった。

また,子供たちに育みたい心を教師がぶれずに描いておくことで,全ての教育活動で意識して子供に寄り添うことができた。学習の時期をタイムリーにデザインすることも子供のその時々の心境により響く結果となった。

今回のように,学んだことをアウトプットできる発信の場を用意することも大切である。伝えること,教えることは,「繰り返し学ぶ」ことにつながり,より子供自身の「深い学び」へと発展した。

総合的横断的に学習を行うことにより,子供たちの自主自律的な学習態度も育てることができた。友達と図書館に行って下調べをしたり家庭学習で堺の先人調べをして新聞にまとめたり,「学んでから体験すると,よく分かりより楽しめた」という意見にクラス全体が頷いたこともうれしい成果となった。

毎日発行したその日の学びを伝える学級通信『奇・軌跡』

最後に、「堺愛」「出会い・つながりへの希望」を書いた子供の感想を紹介したい。

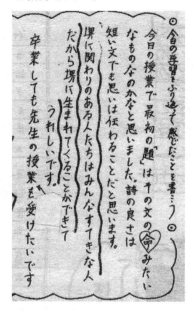
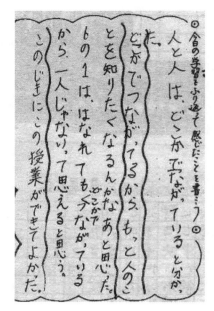

子供の感想

4 道徳の授業を通して地域の学校との連携を図る
―― 幼小中連携のカリキュラム作成と道徳の授業を通して ――

(1) はじめに

今回の学習指導要領の改訂の要点に小学校から中学校までの内容の体系性を高めることが示され，小中9年間を見通した内容の系統性を大切にしている。また，「小学校学習指導要領解説　特別の教科　道徳編」第3節1(1)で，「小学校・中学校間の接続を意識した取組も大切である。近接の中学校と連携し，例えば，互いに道徳科の授業参観をして学び合い，意見交換を行ったり，授業に参加したりすることも考えられる。これらの推進を道徳教育推進教師が行うことで，計画的な学び合いの場の設定や授業の質の高まりが期待できる」と示されている。

道徳の授業を通して学校間の連携を図るよさとして，三つある。一つは，9年間で育てる児童生徒像を共有することで，学びを連続させることができる。二つは，道徳科学習はどの教師も行うことができるので，小・中共通の研修が組みやすい。三つは，研修等の学び合いの場の設定により授業の質の高まりを期待することができる。

学校間の連携のポイントは，次の3点だと考える。一つは，カリキュラム作成を通して（幼小中連携のカリキュラム作成，見直し），二つは，授業を通して（例えば，幼小間で連携した体験活動を道徳に活かしたり，道徳科の授業公開をする等），三つは，授業に活かすことも通して（他校種の教師をGTとして招聘する）である。大切なのは，カリキュラム・マネジメントである。

今回，「ふるさとを愛し，知・徳・体の調和のとれた心豊かで実践のある子どもの育成」を共通学校目標に掲げてコミュニティ・スクールを推進している，福岡県福津市の福間東中学校ブロック（福間東中学校，神興東小学校，神興小学校，上西郷小学校）の取組の中の，上

西郷小学校の取組を紹介したい。

(2) カリキュラム作成について（福津市立上西郷小学校の実践）

① 教材化について

【地域財の教材化（地域貢献に関わる視点における）】（地域連携）

地域にある人・もの・ことを教材化する。教材化の視点は以下のようである（資料）。

---

①追求課題となる地域貢献に関わるテーマがあり，教科の本質からみて，価値があるもの（価値性）

②校区にある人・もの・ことであり，子供たちに身近であり，その対象との関わりやエピソードがあるもの（関係性）

③地域のよさを再発見し，自分自身の生き方を追求する未来を指向する要素を含んでいるもの（未来志向性）

◎教材化の視点…資料1の①を基に②，③のいずれかを満たすもの（①＋②or③）もしくは，全てを満たすもの（①＋②＋③）

地域の素材としては，次のようなものである。

・自然…ほたるが飛び交う豊かな自然，貴重な生物が棲息する西郷川，学校の大きな楠等

・歴史・文化…黒田氏ゆかりの寺社，地域の活性化のために先人が工夫してきたこと

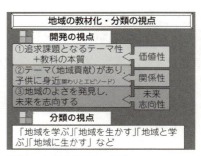

資料1　教材開発の視点

・人…児童生徒を日頃から見守ってくれる人，地域の活性化に尽力している人など小中連携による交流，幼小連携による交流

・こと…地域のまつり等の行事（畦町宿まつり・ふれあいまつり等）

② 地域連携カリキュラムの作成と見直し（継続・見直し・進化）

既存のカリキュラムを「地域・社会貢献」という視点から見直すことになる。特に道徳科学習では，内容の「勤労・公共の精神」「よりよい学校生活，集団生活の充実」「伝統文化の尊重，国や郷土を愛する態度」「感謝」に重点化していくことになる。

カリキュラムを見直すときは，各近接学年を基にした教科等部会で検討，学年間の系統性を見る近接学年のリーダーによるコミュニティ・スクール研究推進委員会，そして，教科の系統性を見る教科担当者で縦と横のラインを見て，最終的に教務主任（幼小中）で全体調整をし，管理職を含む研究推進委員会で検討し新カリキュラムとして決定するステップを大切にする。

(3) 授業を通して（授業づくりについて）

前述した，教材化の視点で開発した教材を活用することになる（資料１）。幼小交流の活動等（道徳的体験）で生じた疑問や気がかり，感動，達成感など（道徳的気付き）を活かすことになる。共通の土俵（道徳的体験）で授業できるので，児童の体験想起が容易であり，共通のテーマで対話できるというメリットがある。また，今回の道徳の教科化で大切にされている自分事として考える「自我関与」を図ることができる。教師は，子供の発言を取り上げ，「どうしてそう思ったの？」と問いたい。子供は，「だって，○○のとき，□□という体験があったから」と発言の根拠となる体験を基に自己を語ることができる。体験を活かした道徳の授業づくりのポイントは以下のようである。

---

①道徳的体験活動での気がかりや疑問，感動，達成感等を活かす
　（導入段階や展開後半，終末段階）
②体験の意味付けや価値付けを行い達成感を得られるようにする

(終末段階)
③道徳的体験を基に発言の根拠を明確にする（展開段階）

（4）授業に活かす（ゲストティーチャーとの連携の在り方）

　人材は，小中共通の人財であり，校種間の重要な連携の鍵となる。人材は，道徳授業で児童生徒の道徳的見方や考え方を意味付けたり，価値付けたり，新たな視点を与えたりする役割を果たす。表1よりゲストティーチャーとの連携の在り方として①〜④を例示する。単元前半では，主に子供の見方・考え方を広げる役割を果たす。そうすることで，新たな視点の提供や実践の方向付けや実践の意欲喚起を図ることができる（①）。単元の中期・後期では，ともに活動を推進していく中で，対象に対する共感が生まれ，「ともに地域を守っていきたい」というような地域・社会貢献のモデル像としての役割がある（②）。

　単元後半では，伝える場において子供の活動の意味付けや価値付けをもらい，満足感や達成感を得させる役割を果たす（③）。さらに，子供たちは，調べた対象への発見により，自己成長を実感し，ゲストティーチャーも子供たちからの発信により自分たちの活動のよさと新たな生き甲斐づくりを得るような関係を目指す（④）。

【授業の実際（第1学年実践）】

幼小間の連携（幼稚園児との交流体験を活かす・人材活用）

表1　ゲストティーチャーとの連携の在り方

		プラス面		
① 単元前半	情報提供者として GT⇄子 情報提供	・子供の見方・考え方を広げる。 （新たな視点提供） （実践の方向付け） （実践の意欲の喚起）		
② 単元中・後半	協働者として（価値観の共有） GT⇄子 同じ感動の共有	・共感 ・モデル像 憧れ もう少しすればなれるかも？	④相互参画者として GT⇄子 成果発信	プラス面 ・調べたことの発見 自己成長 対象のとらえの明確化 GT ・価値観の共有 ・子供からの発信により、新たな発見 →新たな生き甲斐づくり
③ 単元後半	評価者として（意味付け・価値付け） GT⇄子 賞賛・価値付け・意味付け	・満足感 ・達成感		

第5節　プロジェクト型道徳学習を創る

・主題「やさしい心で」
・教材名「どうしたらいいかな？」自作教材　B −(6)　親切，思いやり

> あらすじ：小1のこんたは，幼稚園生のぽんきちと遊ぶことになるが，わがままいっぱいのぽんきちへの対応に困る。しかし，ぽんきちの顔を見てじっくり見て考え，実は困っているぽんきちに気付く。そこで，いろいろやさしく声かけをし，ついにぽんきちと仲よく遊ぶことができた。

　幼小連携（道徳的体験）を活かした自作教材の作成と実践を行った。幼稚園との交流（道徳的体験）で生じた疑問や気がかりを取り出し，教材を基に納得解を得る。自作教材「どうしたらいいのかな」を活用する。主人公こんた（児童）が，困っているぽんきち（幼稚園児）をじっくり見て接し方を考える。ぽんきちの大好きなぶらんこを押すときに，児童は，幼稚園児との交流の様子を想起し，活かしてい

園児との交流体験を活かした授業

くことになる。教師は「どうして，そんな声かけをするの？」と問いかける。児童はこんたになりきり，「だって，この前の幼稚園さんとの遊びで○○と声をかけたらうれしそうにしていたよ。困っていたら助けて，喜ぶことをしていきたいよ」と具体的なエピソードを基に答えていた。

　終末段階では，ゲストとして来ていただいた幼稚園の先生に授業中の様子や幼小交流での児童のよさをコメントしていただいた。また，幼稚園児からのメッセージも用意していただき，児童は，自分の行為のよさの価値付けや意味付け，称賛により満足感を得ることができた。直接参加は非常に有効であるが，参加が難しい場合は，VTRでも効果的である。

資料2 「特別の教科　道徳」地域・社会貢献の視点を基にした内容（教科等の系統性）

関わり	対象	小1年 対自	小2年 対自	小3年 対他	小4年 対他
A自分との関わり	対自	(1)善悪の判断，自律，自由と責任 (3)節度，節制 (5)希望と勇気，努力と強い意志	(1)善悪の判断，自律，自由と責任 (3)節度，節制 (5)希望と勇気，努力と強い意志	(1)善悪の判断，自律，自由と責任 (3)節度，節制 (5)希望と勇気，努力と強い意志	(1)善悪の判断，自律，自由と責任 (3)節度，節制 (5)希望と勇気，努力と強い意志
B人との関わり	対相	(6)親切，思いやり 「どうすればいい？」 「やさしい心で」 (7)感謝 ありがとうの心 「自分が信号機に」 ※見守り隊	(6)親切，思いやり 「くまくんのたからもの」 ※幼小連携 (7)感謝	(6)親切，思いやり ・親切な心で「学校の帰り道」 (7)感謝 ※支えられている自分（生活を支えている人）	(6)親切，思いやり ・本当の親切とは？「心と心のあく手」 ※私たちの道徳 (7)感謝 ※支えられている自分（生活を支えている人）
C集団や社会との関わり	対公共	(10)規則の尊重 (12)勤労，公共の精神 (14)よりよい学校生活，集団生活の充実 (15)伝統と文化の尊重，国や郷土を愛する態度	(10)規則の尊重 (12)勤労，公共の精神 (14)よりよい学校生活，集団生活の充実 (15)伝統と文化の尊重，国や郷土を愛する態度 ・ふるさとを愛する気持ち「大好き，上西郷」 ※地域連携	(11)規則の尊重 (13)勤労，公共の精神 (15)よりよい学校生活，集団生活の充実 (16)伝統と文化の尊重，国や郷土を愛する態度	(11)規則の尊重 (13)勤労，公共の精神 (15)よりよい学校生活，集団生活の充実 (16)伝統と文化の尊重，国や郷土を愛する態度 ・自分のできることを「畦町保存の会」
D生命，自然，崇高なものとの関わり	対生命	(17)生命の尊さ 「へそのお」 (18)自然愛護 (19)感動，畏敬の念	(17)生命の尊さ ・たった一つの生命 ※「ふしぎな音」 ・支えられている生命 ※「たからもの」 (18)自然愛護 (19)感動，畏敬の念	(18)生命の尊さ ・つながる生命「ヌチグヌスーチ」（いのちのまつり） ※保護者連携 (19)自然愛護 (20)感動，畏敬の念	(18)生命の尊さ ・つながる生命「ヌチグヌスーチ」（いのちのまつり） ※保護者連携 (19)自然愛護 (20)感動，畏敬の念

※特別支援学級は，月別の年間計画に準ずる。

第5節　プロジェクト型道徳学習を創る

小5年	小6年	中1年	中2年	中3年
対公共	対公共	対自※重点	対他※重点	対公共※重点
(1)善悪の判断，自律，自由と責任 (3)節度，節制 (5)希望と勇気，努力と強い意志	(1)善悪の判断，自律，自由と責任 (3)節度，節制 (5)希望と勇気，努力と強い意志	(1)自主，自律，自由と責任 (2)節度，節制 (4)希望と勇気，克己と強い意志	(1)自主，自律，自由と責任 (2)節度，節制 (4)希望と勇気，克己と強い意志	(1)自主，自律，自由と責任 (2)節度，節制 (4)希望と勇気，克己と強い意志
(7)親切，思いやり (8)感謝 ※感謝し，こたえる（働きかける）	(7)親切，思いやり (8)感謝 ※感謝し，こたえる（働きかける）	(6)思いやり，感謝 ※感謝し，こたえる（働きかける）	(6)思いやり，感謝 ※感謝し，こたえる（働きかける）	(6)思いやり，感謝 ※感謝し，こたえる（働きかける）
(12)規則の尊重 (14)勤労，公共の精神 ・自分のできることを「見守り隊」 (16)よりよい学校生活，集団生活の充実 (17)伝統と文化の尊重，国や郷土を愛する態度	(12)規則の尊重 (14)勤労，公共の精神 (16)よりよい学校生活，集団生活の充実 ・リーダーとは？NHK教材「最後のリレー」 ・震災資料「このフェルトペンにたくして」 (17)伝統と文化の尊重，国や郷土を愛する態度 ・郷土のために「八波則吉」 ※地域教材	(10)遵法精神，公徳心 (12)社会参画，公共の精神 (13)勤労 (15)よりよい学校生活，集団生活の充実 (16)郷土の伝統と文化の尊重，郷土を愛する態度 (17)我が国の伝統と文化の尊重，国を愛する態度	(10)遵法精神，公徳心 (12)社会参画，公共の精神 (13)勤労 (15)よりよい学校生活，集団生活の充実 (16)郷土の伝統と文化の尊重，郷土を愛する態度 (17)我が国の伝統と文化の尊重，国を愛する態度	(10)遵法精神，公徳心 (12)社会参画，公共の精神 (13)勤労 (15)よりよい学校生活，集団生活の充実 (16)郷土の伝統と文化の尊重，郷土を愛する態度 (17)我が国の伝統と文化の尊重，国を愛する態度
(19)生命の尊さ ・生きている意味を (20)自然愛護 ・自然の偉大さ「大いなる自然」 ※「私たちの道徳」 (21)感動，畏敬の念	(19)生命の尊さ ・支え合い，共に生きる生命 (20)自然愛護 ・自然の偉大さ「大いなる自然」 ※「私たちの道徳」 (21)感動，畏敬の念	(19)生命の尊さ ・生命の不思議さ (20)自然愛護 (21)感動，畏敬の念	(19)生命の尊さ ・生命の限定性，生命の終焉 ※「ゆうへ～生きていてくれてありがとう」 (20)自然愛護 猛威をふるう自然 (21)感動，畏敬の念	(19)生命の尊さ ・生命の限定性，生命の終焉 ※「天使の声」（東日本大震災） (20)自然愛護 猛威をふるう自然 (21)感動，畏敬の念

第6節 新学習指導要領を反映した「特別の教科　道徳」の授業研究を工夫する

●事例1　授業研究の視点の明確化

　新学習指導要領「特別の教科　道徳」（道徳科）の趣旨を生かした授業はどうあればよいかを考え，日々研究・実践を推進していくことは，未来を切り拓く子供たちの道徳性を養うために大切なことである。では，どのようなことを大切にして授業研究をしていけばよいのか，授業研究の視点について，本校での実践事例を基に考えていきたい。

（1）道徳科の授業のねらいは，どうあればよいか【授業のねらい】

　道徳科の授業研究で常に考えなければならないのは，「どのような学びを通して，何を育てるのか」ということである。本校では，「学びの内容」が明らかになるように，内容項目を分析し，小学校生活6年間の中で，「いつ，どの段階で，どのような自己を見つめられるようにするのか」「深めたい自己の生き方についての考えは何か」という学びの系統性を明らかにしている。

【教材名】「森の　ゆうびんやさん」
（文部科学省『わたしたちの道徳　小学校1・2年』）

【深めたい自己の生き方についての考え】
　●みんなのために仕事をすると，どんな気持ちになるのかな？
【見つめたい自己】
　●みんながにっこりするように働くことができているかな？

「見つめたい自己を明確にした学びの連続」となるように、内容項目ごとに系統表をつくり、6年間の学びを意図的・計画的に累積している。このように、道徳科における学びを系統的にマネジメントすることは大切なことである。

また、育てたい道徳性の様相によって、効果的な指導方法は変わるため、6年間を通した学びの内容の系統性と、育てたい道徳性の様相の関係を考えて「授業のねらい」を具体化することが大切である。

【教材名】「森の　ゆうびんやさん」
（文部科学省『わたしたちの道徳　小学校1・2年』）

【ねらいの例】
　みんなのために働くことが、みんなの笑顔と役に立つ嬉しさにつながっていることに気付き、働くことのよさを感じながらみんなのために進んで働こうとする心情を育てる。

---

(2)　道徳科における問題意識を、いかにもてるようにするか【導入】

授業のねらいに向かって子供たちの「主体的な学び」となるように、学びの原動力となる問題意識をもたせることが大切である。本校では、授業の導入において、「子供たちの意識のズレを生かすこと」と「子供たちの意識の重なりを生かすこと」を大事にし、「この学びで考えたいことは一体何なのか」という子供たち自身の「自己への問いかけ」となるような「授業を貫く問題意識」をもてるようにしている。自己の問題として真剣に生き方を考える価値ある学びにするために、次のように問題意識のもち方を明確にして実践をしている。

① 生活や体験に関わる問題意識のもたせ方の類型

【教材の外に問題意識を生む】

生活や体験に関わる問題意識をもった後，その問題意識を学びの原動力として教材へと学びを進める導入では，「子供たちの意識のズレを生かすこと」が大切となる。

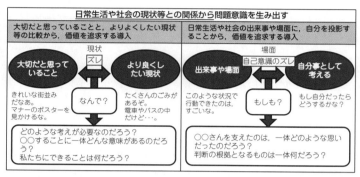

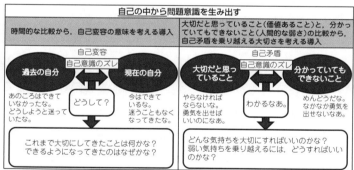

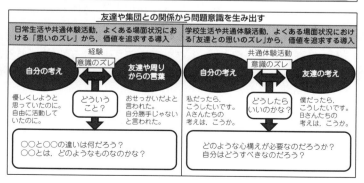

② 教材に関わる問題意識のもち方の類型【教材の中に問題意識を生む】

教材へのいざないの後に教材を読み，そのことで問題意識をもつ導入では，「子供たちの意識の重なりを生かすこと」が大切となる。

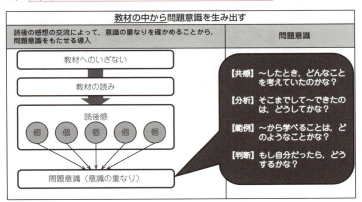

(3) 道徳科における話合いは，いかにあればよいか【展開前段】

授業のねらいに向かって子供たちの「対話的な学び」となるように，話合いの工夫をすることが大切である。本校では，次のように，「学びの目的に応じた話合いの視点」を明確にして実践している。

学びの目的に応じて，どのような話し合い方をすることが，授業のねらいに向かって効果的なのかを研究し実践することが大切である。

学び方	心の中の二つの気持ちを話し合う 役割演技・役割交代	それぞれの登場人物に同化して話し合う 役割演技・役割交代
効果的な活用	共感的な追求（心情）	共感的な追求（心情）
主な発問	どんなことで迷っているのでしょう。	どんな気持ちだったでしょう。
発言例	困った顔をしているから，席をゆずろうかな。	○○さん，来てくれてありがとう。
図	価値実現の心 ⇔ 心の弱さ	登場人物① ⇔ 登場人物②

学び方	根拠を明らかにして話し合う対話	立場を明らかにして話し合うグループでの話合い
効果的な活用	分析的追求（判断）	批判的追求（判断）
主な発問	主人公が〜できたのは、なぜでしょう。	○○について，どう思いますか。
発言例	私は，〜からだと思います。	私は，〜だから，しかたないと思います。
図	主人公の行為／根拠①／根拠②	弁護／批判／弁護／批判

学び方	特定場面での判断と根拠を話し合うグループでの話合い	経験を基にして主題を話し合うグループでの話合い
効果的な活用	批判的追求（判断）	分析的追求（判断）
主な発問	みなさんだったら，どうしますか。	親切とおせっかいには、どんな違いがあるのでしょう。
発言例	私だったら，〜します。	私は、相手の気持ちを考えないで、こうすればいいという自分の思いだけで〜。
図	判断①／判断②／道徳的事象を含む場面／判断③／判断④	主題／考え①／考え④／考え②／考え③

（4） 四つの視点を生かした展開は，いかにあればよいか【展開後段】

　子供たちが，道徳的諸価値についての理解を基に，自己を見つめ，物事を多面的・多角的に考え，自己の生き方についての考えを深めるために，「どのような関わり（関係性）における自己を見つめ，考える学習なのか」を明確にして授業をすることが大切である。このことが，道徳科の授業における「深い学び」につながっていく。本校では，次のように，内容項目の「四つの視点」を生かした展開後段の在り方を明らかにして，実践を累積している。

① 「Aの視点」における展開後段の学び（自己との関係性）

　「Aの視点」の学習では，「自己との関係性」を明確にした学びとするために，次の視点で展開後段の発問を構成していく。

> - なりたい自分・好きな自分と，今の自分を比較する。
> - 価値実現のために乗り越えたい心の弱さを出し合い，価値実現の難しさを話し合う。
> - 主人公のように，心の弱さに負けそうになっても，なりたい自分・好きな自分に向かって積極的に生きるにはどうすればよいかを考える。
> - 価値ある行動をした自分自身のことをどう思うか考える。
> - 見つめたい自己に沿って，自己内対話をする。

② 「Bの視点」における展開後段の学び（他者との関係性）

「Bの視点」の学習では，「他者との関係性」を明確にした学びとするために，次の視点で展開後段の発問を構成していく。

> - 主人公の心の動きに沿って自己を見つめる。
> - 相手の視点に沿った振り返りをして，相手との関係における自分の在り方を見つめる。
> - 友達の価値実現場面を具体的に交流し合う。
> - 学級の友達と心の通じ合いが行われるような話合いを主体的に行う。

③ 「Cの視点」における展開後段の学び（集団・社会との関係性）

「Cの視点」の学習では，「集団・社会との関係性」を明確にした学びとするために，次の視点で展開後段の発問を構成していく。

- 主人公と同じように，自分はある集団・社会の一員であることを自覚する。
- 集団・社会によって支えられてきた自分を見つめる。
- 自分たちの価値ある行動は，集団・社会にとって，どんな意味があるのかを考える。
- 集団・社会の一員として，自分ができることは何かを考える。
- 価値適用場面を話し合い，これからの生活に生かす。

④ 「Dの視点」における展開後段の学び

(生命・自然・崇高なものとの関係性)

「Dの視点」の学習では，「生命・自然・崇高なものとの関係性」を明確にした学びとするために，次の視点で展開後段の発問を構成していく。

- 生命・自然・崇高なものと主人公との関係と同じように，生命・自然・崇高なものと自分が，確かにつながっていることを意識する。
- 共存・共栄の考え方で，生命・自然・崇高なものを見つめ直す。
- 実体験を想起し，体験したことの中に，学習した価値が含まれていることを実感する。
- 生命・自然・崇高なものと主体的に関わるにはどうすればよいかを考え合う。

【参考文献】
○岩手大学教育学部附属小学校「研究紀要　第31・32集」2014・2016年

●事例2　自分が好き，友達が好き，舟入が好きな児童の育成

（1）　はじめに

　本校の児童は，人と関わることが大好きで誰に対しても優しく接することができる素敵な心をもっている。一方，自分の思いを言葉で伝えることが苦手であったり，目標をもって前向きに取り組もうとする気持ちが弱かったりと個々の内面には課題が見られる。そこで，「自分が好き，友達が好き，舟入が好きな児童の育成」を研究テーマとして，自己を見つめ，物事を多面的・多角的に考え，よりよい生き方について考えを深める

道徳授業の研究を行っていくこととした。その中でも，特にテーマと関連する道徳の重点項目を見直し，他の教科等の関連を意識して取り組むようにした。

（2）　考えたくなる，話したくなる授業を目指して

　相手の気持ちを推し量ることや自分の考えをうまく伝えることに躊躇する児童の実態から，教師は常に，「自分の思いを語らせたい」，何より，「みんなが楽しくなる道徳科にするには，どうしたらいいのか」

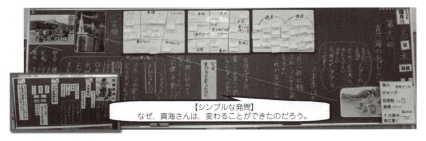

「真海のチャレンジ－佐藤真海－」（文部科学省『私たちの道徳　小学校5・6年』）
D－(22)【よりよく生きる喜び】

と悩んできた。そこで，他者との関わりを重視すれば前向きに自己を見つめることもできるのでは考え，意図的，計画的に話合い活動を取り入れるようにした。また，児童が自ら考え，自分の思いや考えを語りたくなるように，問題解決的な活動につながる発問を工夫したり，人間理解を深めるような揺さぶりの発問を返したりすることで，主体的・対話的な学びにつなぐようにしてきた。

① シンプルな発問から問題解決的な学習に結ぶための実践例

【人間理解】

授業では，くじけそうになった主人公の姿や困難を乗り越えようとする気持ちに寄り添い，誰もがもつ心の弱さに共感しながら，一人一人が自分なりの考えをもてるようなシンプルな問いを中心発問とした。

【価値理解】

事後協議の中では，発問が教材内容や主人公の考えを問うことに留まっていたので，もっと道徳的諸価値の理解を深める発問が必要だったのではないかという意見が出された。協議の結果，「真海さんの強さはどこからきたのだろう」という中心発問にたどり着いた。

② 多面的・多角的な考えに発展させるためのツール例

【他者理解】

話合いでは，思考ツールを活用し，一人一人の思考を見える化することで，活動の意欲化を図った。また，グループ内で出された意見を共有し，より発展させていくために，「キャッチボー

【マトリックス】
一人一人の考えを分類，整理しながら多面的な考えにつなぐ。

【ベン図】
過去と現在に分け，自分の考えを位置付けながら共通点や相違点を探る。

ルインタビュー」を取り入れた。単に，自分たちの考えを伝えるだけでなく，「なぜ，どうして，どんな時に，あなたはどう思うか」と互いにパスを出し合い，意見をつなぎながら視覚的にまとめていくことで，考えを深めていけるよう仕組んでいった。

③ 主題を自分との関わりで捉えさせるための活動例

【自己理解】

児童には，主人公の生き方から自分が最も共感したことを友達と語り合い，夢や希望に向かって喜びのある生き方について考えを深めてほしいと願い，「自分に取り入れたい考え方を見つけよう」と

【自分の言葉で語る】
キーワードを一つ選び，その理由について話し合う。

投げかけた。取り入れた考えを各自がキーワードにまとめ，なぜ，このような考え方に共感できるのか，また，どうしてこのような表現を

【自己を見つめる】
児童の活動場面を映像に流し，真海さんの生き方と自分自身を照らし合わせる。

したのかを説明することで，「主人公の考え方はすごいけど，自分の中にも，同じようなすばらしさをもち合わせている」ことを実感できるようにしたいと考えた。

(3) 自己を前向きに捉えるための多面的な評価の工夫

昨今，教育現場では，子供たちの自尊感情の低下が危惧されており，本校の児童も同様に，自分のよさを実感することが弱い。特に，個性の伸長については，「自分には，よい所なんてない。どうして，そんな自分について考えなければいけないのか」と自分の特徴を見つめることをためらう児童もいた。そこで，授業においては，道徳ノートを活用して個人思考の時間を確保したり，他者からの称賛を得る場

面を意図的に設定したりと自分の特徴を前向きに捉えることができるようにしてきた。

① 「個性の伸長」に関わる授業研究実践例

【みんなのいい所】
キーワードで一人一人のよさを表し，みんなで共有する

低学年の授業では，友達と互いのよさを称賛し，認め合う活動をした後，終末で，一番の理解者である家族からの手紙を読んだ。中学年では，「自分力パワーアップ大作戦」と称し，長所をさらに伸ばすための活動を行った後，縦割り班の担当教員から称賛のメッセージをもらった。

【道徳参観日】
児童と保護者による話合い

また，道徳参観日では，多様な考えに触れることを目的として保護者参加型の授業形態を取り，思考ツールを使いながら児童とともに話し合った。これらの活動から，自己を見つめることを苦手としていた児童も，素直に自分のよさを実感したり，見つけてくれた人に感謝の気持ちを表現したりする姿があった。

【えがおの花束】
全校児童によるいい所見つけ

さらに，本校では，全校児童による友達のいい所見つけ「えがおの花束」や教師からのメッセージを児童に伝える「グッドコメン

【グッドコメント】
教師による評価

【ハッピーレター】
児童の相互評価

ト」，週に一度，学級の仲間からメッセージを送る「ハッピーレター」の取組を行ってきた。これらの活動を導入や終末でも紹介することで，互いを認め，称賛していくことの大切さを実感し，個々の喜びにつなげられるようにしてきた。このような取組により，全教育活動と個々の行為が関連することを教師も児童も意識できるようになってきた。

② ティーム・ティーチングを活用した評価例

授業では常にティーム・ティーチングの手法を取り入れ，児童の変容や成長を評価につなごうとしてきた。話合いでは，ファシリテーター的な立場で参加し，児童の考えを受容し，調整しながら多面的・多角的な見方に発展していくよう心がけた。事後には，児童の姿，指導の在り方について複数の目で振り返り，次時の構想を立てることで，道徳科だけでなく，学級経営の改善や他教科等との関連を結び付けながら考えられるようになった。

(4) おわりに

「道徳は心を問われるので嫌い」と言っていた児童は，友達から，具体的に長所を褒めてもらったり，主人公の生き方を自分と重ねたりすることで，前向きに授業に参加できるようになった。このように，人と比べて，自分はできない人間だと思っていたが，周りから自分の特徴を気付かされ嬉しく感じる児童も増えた。個性の伸長については，道徳の授業での取扱いを重視するとともに，全校的な取組と併せて，低学年から系統的，発展的につなげていく必要がある。また，思考ツールを活用した話合いにより，自己理解，他者理解の場が増え，少しずつ道徳の学習に対する意欲も向上している。一方，「問題解決的な学習」や「特別活動等の多様な実践を生かす学習」の在り方については見取りと点検を繰り返しながら，よりよい授業づくりに改善していく必要がある。今後も，「分かっているけど，できない自分がいる」という人間味に溢れた本校児童の実態を大切にしつつ，主体的に道徳的価値を深められるような授業づくりの研究に励み，「自己を見つめ，よりよい生き方」を追求していく児童の育成を目指したい。

第5章

道徳教育の全体計画（スクール・マネジメント），年間指導計画（カリキュラム・マネジメント）の改善・充実

第5章 道徳教育の全体計画，年間指導計画の改善・充実

第1節
道徳教育の全体計画がなぜ必要なのか

Q 学校教育全体における道徳教育の位置付けと，道徳教育の全体計画の必要性について教えてください。

●スクール・マネジメントは学校運営計画（学校経営計画）と道徳教育の全体計画が基盤である

　学校には，学校運営計画（学校経営計画）があります。それなのに，なぜ道徳教育の全体計画が必要なのでしょうか。

　それは，道徳教育の特質にあります。改正教育基本法が示すように，学校教育においては，道徳教育が中核に位置します。学校教育は，子供たち一人一人の人格の完成（豊かな人生）を目指して，知，徳，体の全体にわたって指導していくことが必要です。そのことが学校運営案（学校経営案）において具体的に示されなければなりません（さらに，行政的な視点や運営的な視点からの押さえも当然必要です）。

　その知，徳，体の指導は，改正教育基本法の第2条で示されているように，徳を根底に据えて知，体の指導を絡ませていく必要があります。そのことを具体的に計画しなければなりません。それが道徳教育の全体計画です。つまり，学校のスクール・マネジメントにおいては，学校運営計画（学校経営計画）と道徳教育の全体計画が相まって，教育本来の機能が果たせるようになるのです。

　そのため，道徳教育の全体計画に関しては，学習指導要領の総則に書かれています。

第2節 道徳教育の全体計画のポイント

Q 道徳教育の全体計画において求められるのは，どのようなことですか。

●道徳教育の全体計画に求められていること

　道徳教育は，学校教育の中核に位置付けられます。したがって，道徳教育の全体計画は，学校全体の教育課題やこれからの教育の方針を具体化したものでなければなりません。学習指導要領解説の総則編に書かれていることを参照しながら，特に押さえておきたいことを以下に述べてみます。

① 全ての学びが向かう方向性を具体的に示す（道徳教育目標）

　まず，道徳教育の全体計画においては，これからを生き抜く子供たちに求められる三つの資質・能力を，学校全体での学びを通して，どのように統合していくのかについての指針を示す必要があります。各教科等の学びは，それぞれの特質に応じて「知識，技能」「思考力，判断力，表現力」を養いますが，それらの「学びの向かう方向」は，よりよい自分づくりやよりよい社会づくりです。

　そのことを意識して，各教科等の学びとつながる学校独自の道徳教育の目標を明確にする必要があります。例えば，「各教科等の学びを通して，本校での学びを支えとして未来を力強く切り拓いていく力を育てる」といったことを学校の特質や地域の特質，教師の願いなどを盛り込んで示していくのです。

② 具体的な行動目標を示す

これからの学校教育においては，特にカリキュラム・マネジメントが強調されます。カリキュラム・マネジメントにおいては，PDCAサイクルによる効果的な指導が求められます。道徳教育は，評価が難しいと言われますが，だからこそ，全体計画がどのように執行され，子供たちの様子がどうだったかを評価して，改善を図っていく必要があります。

そのためには，目標をできるだけ行動目標にする必要があります。例えば，「思いやりのある子供を育てる」と目標を示すと同時に，「特に４月を思いやり月間として計画的に取り組む」と明記します。そのことによって，その成果の検討も含めた具体的な行動計画が作成され，全員で取り組んでいくことができます。

また，例えば，「礼儀正しい元気な子供を育てる」とした場合，「朝のあいさつが元気よくできていると８割の子供たちが自己評価できるようにする」と示しておきます。すると，そのための指導をどうするか，子供たちの自己評価をどのように行うのか，自己評価結果を基にした研修会をいつ行うか，それを基にどのような改善を図っていくかをいつ検討するか，といったことが具体化してきます。重点的に取り組むものやポイントとなる取組に対して，このような行動目標を具体的に示していく必要があります。

③ 重点目標の具体的取組を明記する

重点目標に関しては，どの学校でも設定されていますが，どのように取り組むのかについて，具体的に示していくことが大切です。

学校には，様々な社会的課題や，地域的課題，学校独自の課題，子供たちの実態から出てくる課題などが山積しています。それらに個々に対応していくのは困難です。

これらの課題は，全て，子供たちがこれからの社会を生き抜くために必要なものです。つまり，それらの課題を子供たち一人一人の生き

方と関わらせて取り組めるようにする必要があります。その一番の方法は、道徳教育の重点目標として取り組むことです。多くの課題があっても、道徳性の育成で共通しますので、それぞれの活動や学びが全てつながっていくことになります。

したがって、重点目標をあまり多くする必要はありません。一つの重点的な課題を取り上げて、「特別の教科　道徳」を要にして関連する教育活動や日常生活と関連をもたせて計画的に指導することによって、内面的な道徳性が育まれ、様々な道徳的事象への気付きと具体的対応に関する発展的学びが可能になります。

特に、総合単元的に、取り組むことによって大きな成果が期待できます。それらについては第3章、第4章で確認してください。

④　豊かな体験による内面に根ざした道徳性の育成を具体化する

道徳教育においては、豊かな体験が不可欠です。豊かな体験とは、四つの視点（自分自身、人、集団や社会、生命や自然・崇高なもの）との関わりを豊かにもてる体験ということになります。

豊かな体験は、全教育活動において求められますが、特に重要なのは、特別活動と、生活科、総合的な学習の時間です。これらは、体験活動を行うことが目標になっています。

特別活動の目標には、「様々な集団活動に自主的、実践的に取り組み」「集団や自己の生活上の課題を解決することを通して」「自己の生き方についての考えを深め、自己実現を図ろうとする態度を養う」ことが明記されています。生活科の目標においては、「具体的な活動や体験を通して」「身近な人々、社会及び自然を自分との関わりで捉え、自分自身や自分の生活について考え、表現することができるようにする」ことが記されています。また、総合的な学習の時間の目標には、「探究的な見方・考え方を働かせ、横断的・総合的な学習を行うことを通して、よりよく課題を解決し、自己の生き方を考えていくための資質・能力」を育成することが明記されています。これらを、いかに

道徳教育的視点から計画することができるかが問われます。

道徳教育の全体計画においては,特に豊かな体験に関して,特別活動と総合的な学習の時間,小学校では生活科を含めて四つの関わりを豊かにする体験の主なものを,別紙でもいいですから,明記することが求められます。

⑤ 「特別の教科　道徳」が要としての役割を果たせるようにする

豊かな体験は,「特別の教科　道徳」と響き合わせることによって,自己の生き方と日常生活や日々の学習活動とをより結び付けて考えられるようになります。また,各教科の固有の学習活動とも関連をもたせることによって,より効果的な指導ができます。そのために,各教科等における道徳教育について,「第3章　特別の教科　道徳」の「第2　内容」との関連で確認できるように別葉を求められています。

さらに,各学年あるいは学年段階ごとの重点指導についても明記し,年間指導計画へとつなげていく必要があります(別紙に各学年の道徳教育計画についてまとめることも考えたいです)。また,全学年を通して基本とすべき指導方針(例えば,郷土資料の活用や道徳ノートの活用,事前事後の関わり,総合単元的な指導,家庭や地域との連携,掲示など)を示しておくことも大切です。

⑥ 一人一人への対応に関する留意事項を明記する

道徳教育においては,全体的な指導と個人的な指導が不可欠です。全体計画は,道徳教育の指導計画を確立するという意味から全体的な取組のことに関心が向きますが,それと同時に,一人一人への対応についても,しっかりと計画し実行していくことが大切です。

例えば,朝の会や帰りの会における一人一人への対応,一人一人の机やボックス,靴入れへの対応,一人一人のノートへの対応,一人一人との面談,一人一人に配慮した掲示の工夫などについて,特に全員で取り組みたいことを明記しておくと,道徳的風土をより豊かなものにしていきます。

⑦　家庭や地域との連携の具体化

　これから求められる「チーム学校」においては，特に家庭や地域との連携が重要になります。そのことを踏まえて「学校，家庭，地域連携道徳教育協議会」のような組織を作って取り組めるようにすることも求められます。各学校に設けられている学校運営協議会制度などを有効に活用することも考えられます。それらを全体計画に明記するのです。

　家庭や地域との具体的な連携計画においては，一般的な方針と同時に，一人一人の子供たちに保護者や地域の人々，専門機関の人々，専門家がどのように関わっていくのかについても示していくことが求められます。

　まず，一般的な連携の取組としては，学校の道徳教育の取組をどのように発信していくのか。また，保護者や地域の人々の声をどのように取り入れていくかについて明確に示していく必要があります（例えば，学校だよりに返信の欄を設けたり，ホームページを活用したりして自由に意見をもらえるようにすることも考えられます）。

　さらに，学校のホームページに道徳教育の全体計画を分かりやすく示し，保護者や地域の人々から積極的に協力いただけるように働きかけることも大切です。

　また，道徳教育フェスティバルのような，保護者や地域の人々と一緒になって交流し，楽しめるイベントを企画することも重要です。この場合は，できるだけ地域の人々に運営に参加いただき，地域と一体となって取り組むことが求められます。

　一人一人への対応については，特に課題のある子供たちに対して個人カルテのようなものを作り，様々な人がどのように取り組むのかについて，別紙などでその基本を明記していくことも考えられます。

⑧　幼児教育機関，小学校，中学校との連携の具体化

　スクール・マネジメントの視点は，さらに幼児教育機関，小学校，

中学校との連携を求めます。これからの学校は「チーム学校」として，地域の人々や専門機関，専門家等との連携が不可欠です。そのためには，子供たちが連続的に学ぶ学校が相互に連携していくことが重要です。その中で，地域の人々や専門機関，専門家の人たちに対して，中学校区というくくりで計画的に関わってもらえるようにする必要があります。その調整も重要です。

　それぞれの学校段階の連携においては，まず道徳教育の全体計画や「特別の教科　道徳」の年間指導計画を交換し，合同の研修会を設ける必要があります。それぞれの計画を見ながら，日頃目にする実際の子供たちの姿から，道徳教育の効果をある程度実感することができます。

　さらに，小学校においては，幼児教育機関の子供たちとの直接的な交流活動や，中学校との道徳の交換授業なども考えられます。また中学校では高等学校との交流も必要になります。

　このようなことを具体的な行動目標として全体計画に位置付けていくのです。そのことによって，より広い視野から子供たちの道徳教育を考えることができます。

⑨　研修計画の明記

　これからのカリキュラム・マネジメントにおいては，途中において評価し改善を図ることが特に重要になります。そのためには，行動目標を工夫するとともに，研修計画を明確に示す必要があります。

　道徳教育の研修計画には，様々な要素が含まれます。特に重要なこととして次の9点の押さえが必要です。

　一つは，道徳の授業に関する研修計画を創ること。道徳の授業を公開しての研修が不可欠です。そこでは，道徳の授業について総合的に学べるように工夫する必要があります。

　二つは，「特別の教科　道徳」の年間指導計画の見直しについての研修。定期的に行う必要がありますが，特に学年ごとや学年段階ごとで確認していく必要があります。

三つは，学級や学年における道徳教育の取組についての研修。学級崩壊寸前のクラスがあるかもしれません。そういうクラスの先生を応援することも道徳教育の研修に入れておく必要があります。

　四つは，重点目標に関わる道徳教育の取組についての研修。重点的な取組は，いろいろな教育活動と関わらせて行われることから，全員で検討する機会が必要になります。

　五つは，各教科等における道徳教育の研修。特に，特別活動や総合的な学習の時間，小学校では生活科においても，どのような豊かな体験活動がなされているのかについて確認していく必要があります。また，各教科においては，別葉を基にして研修を深めることが求められます。

　六つは，一人一人への対応に関する研修。このことは生徒指導とも密接に関わります。他の研修と関わらせて取り組むこともできます。

　七つは，学校，家庭との連携に関する研修。地域との連携については学校全体で協議する必要があります。また，特に家庭との連携については，現状について意見交換しながら，保護者への対応に悩んでいる教員に対して，みんなで検討する機会を設けることが重要です。

　八つは，隣接する学校や幼児教育機関，専門機関，専門家を交えての研修。「チーム学校」と「地域が一体となる学校づくり」を具体的に推進していくための研究が必要です。

　九つは，評価に関する研修。通知表には「特別の教科　道徳」の評価について記述式で書かなければなりません。子供たちの道徳的成長について，多様に見る目を養うと同時に，ある程度の合意を得る必要があります。そのためには，学年の中で交換授業なども計画的に行い評価に関する研修を深めることも大切です。

　今まで述べたことを，チェックリストにして示したのが次の表です。時々にチェックして改善を図ったり，計画を充実させたりして，

第5章　道徳教育の全体計画，年間指導計画の改善・充実

学校教育全体で取り組む道徳教育の充実に生かしてください。

全体計画のチェックリスト

	項　目	チェック
1	道徳教育の目標に全ての学びが向かう方向性が具体的に示されている	
2	具体的な行動目標が示されている	
3	重点目標の具体的取組が明記されている	
4	豊かな体験による内面に根ざした道徳性の育成が具体的に示されている	
5	「特別の教科　道徳」が要としての役割を果たせるように具体的な記述がなされている	
6	一人一人への対応に関する留意事項が明記されている	
7	家庭や地域との連携が具体的に示されている	
8	幼児教育機関，小学校，中学校との連携が具体的に示されている	
9	研修計画が明記されている	

＊チェック欄は，例えば，
　　A…十分に示されている
　　B…だいたい示されている
　　C…あまり示されていない
　　D…ほとんど示されていない
　で全員に評価してもらい，研修会において議論してから見直しを図ることもできます。

第3節 「特別の教科　道徳」の年間指導計画のポイントを読み解く

Q 道徳の教科書と学校の年間指導計画とは，どのように捉えればよいのですか。

(1) 教科書に対応してあれば多様な教材が使える

　「特別の教科　道徳」が教科になったことから，授業においては，教科書の使用が義務付けられます（学校教育法第34条）。そして，「児童又は生徒が用いるため，教科用として編修された図書」（教科用図書検定規則第2条）の内，文部科学省の検定を受け合格したものが教科書です。教科書の発行に関する臨時措置法第2条及び義務教育諸学校教科用図書検定基準の総則において，教科書は「教科の主たる教材として」使用されるものであることが明記されています。

　では，教科の授業においては，教科書に書かれている内容は全部使わねばならないのでしょうか。「伝習館高校事件」における福岡高等裁判所（昭和58（1983）年12月24日判決）において一応の見解が示され，それが現在も標準的見解とされています。

　その内容は「教科書のあるべき使用形態としては，授業に教科書を持参させ，原則としてその内容の全部について教科書に対応して授業することをいうものと解するのが相当である」というものです。

　つまり，「特別の教科　道徳」の授業においては，教科書を持ってこさせ，教科書の内容全部に対応した授業を行うことが求められるのです。

　このことを理解した上で，教科書に対応した多様な教材を使うこと

ができるのです。郷土資料や学校開発資料などの使用を積極的に考えていく必要があります。

> **Q** 「特別の教科　道徳」の年間指導計画において求められるものはどのようなことですか。

(1) 学校における道徳教育の要であることが読み取れるようにする

「特別の教科　道徳」の年間指導計画は，学校における道徳教育の中核が読み取れるようにする必要があります。学校の独自性を踏まえた重点的な指導の工夫，他の教育活動や日常生活との関連，子供自身がそれぞれの道徳的価値の視点から自己を見つめられるとともに，トータルとしての自己を見つめ，成長を実感し，課題を見いだし取り組んでいけるような授業がうまく組まれているかなどもポイントになります。また，年間を通して，じっくり考えさせる授業，ぐっと心に迫る授業，心をリラックスさせる授業，楽しめる授業などがバランスよく配置されていることも大切です。

(2) 「特別の教科　道徳」の年間指導計画のポイント

「特別の教科　道徳」の年間指導計画のポイントは，大きく二つあります。一つは，学校全体で取り組む道徳教育の要としての役割が果たせるようにすることです。そのことは，学校が取り組まなければならない学校課題や社会的課題に対してもしっかりと対応できるように授業を計画すること。他の教育活動との関連や日常生活，家庭や地域との連携なども考慮すること。校長や副校長・教頭をはじめ全教職員が何らかの形で授業に参加できるようにすること，などが大切になります。

二つは，道徳的価値の理解を基に自分の生き方についてしっかりと考え，具体的な行動へと導く道徳的判断力や道徳的心情，道徳的実践意欲と態度を養うことです。道徳的価値の理解を基に人間として生き

るとはどういうことかを教材や話合い等を通して学び，その視点から自分を見つめ，日常生活や様々な学習場面でよりよい生き方を自分らしく追い求めようと取り組めるようにしていくのです。

　このような役割を果たせる道徳の授業を構想していくには，多様な教材や指導方法が求められます。教科書には，多様な教材が掲載され，また，多様な授業も提案されています。それらを基にしながらも，各学校で，独自に，郷土教材や学校開発教材をはじめ，体験に基づく教材，ビデオ教材，インターネットを活用した教材などを使っての授業，あるいは，他時間扱いの授業，校長・教頭の参加や他の教師によるＴＴの工夫なども考えることが大切です。

　具体的な授業計画においては，道徳的価値に照らして自己を見つめる工夫（自己を見つめる視点を明確にすることが大切），道徳的価値を基に物事（道徳的な事象，問題や課題）を多面的・多角的に考える工夫（物事を道徳的価値の側面から考えることが大切），問題解決的な学習の工夫（「どうすればいいのか」とともに「どうしてこのようになるのか」の追求が大切），道徳的行為に関する体験的な学習の工夫（実感すること，具体的実践へとつなげることが大切），特別活動や総合的な学習の時間，各教科はもとより，日常生活（掲示や朝の会，帰りの会，日常の会話の工夫等）や，家庭，地域と連携した指導の工夫などが，十分に押さえられているかどうかが問われます。

　さらに，重点的な指導においては，総合単元的な発想による指導を年間指導計画の中に位置付ける，別紙に詳しく示すことも考えられます。

　なお，教科書の活用についても明記しておく必要があります。日常的に，各教科や特別活動，総合的な学習の時間で，家庭や地域で，活用できるように計画することで，「特別の教科　道徳」を要として道徳教育が充実していきます。

第4節
学級における道徳教育の指導計画の作成のポイント

Q 学級における道徳教育の指導計画の意義とポイントを教えてください。

(1) 学級における道徳教育の指導計画の重要性

道徳教育は，日常生活を基盤として取り組みます。「特別の教科　道徳」も，日々の学校生活と響き合って本来の役割を果たすことができます。

学校には，学校教育全体で取り組む道徳教育の全体計画があります。そして，その要である「特別の教科　道徳」の年間指導計画があります。その計画を実践する学級においても，同様に，学級用の道徳教育の全体計画と道徳の授業を展開する学習指導案が必要になります。

学級における道徳教育の指導計画を作成し実行することで，学級経営の基盤ができていきます。

(2) 学級における道徳教育の指導計画のポイント

学級における道徳教育の指導計画は，難しく考える必要はありません。道徳教育の全体計画と響き合わせて，自分の特長を生かした道徳教育をいかに展開していくかを考えるのです。それは，学級経営の基盤ともなっていきます。

例えば，「クラスの友情と団結を高める」という目標をつくれば，そのために，関係する道徳の授業を学級活動と響かせて指導する，大縄跳びを全員で10回できるように働きかける，「ビリーブ」を月曜日の朝に全員で歌うようにする，といった形で具体的に考えることができます。そのことが大切なのです。

小学校学習指導要領
平成29年3月
〔抜粋〕

第3章　特別の教科　道徳
第1　目標
　第1章総則の第1の2の(2)に示す道徳教育の目標に基づき，よりよく生きるための基盤となる道徳性を養うため，道徳的諸価値についての理解を基に，自己を見つめ，物事を多面的・多角的に考え，自己の生き方についての考えを深める学習を通して，道徳的な判断力，心情，実践意欲と態度を育てる。

第2　内容
　学校の教育活動全体を通じて行う道徳教育の要である道徳科においては，以下に示す項目について扱う。

A　主として自分自身に関すること
[善悪の判断，自律，自由と責任]
〔第1学年及び第2学年〕
　　よいことと悪いこととの区別をし，よいと思うことを進んで行うこと。
〔第3学年及び第4学年〕
　　正しいと判断したことは，自信をもって行うこと。
〔第5学年及び第6学年〕
　　自由を大切にし，自律的に判断し，責任のある行動をすること。

[正直，誠実]
〔第1学年及び第2学年〕
　　うそをついたりごまかしをしたりしないで，素直に伸び伸びと生活すること。
〔第3学年及び第4学年〕
　　過ちは素直に改め，正直に明るい心で生活すること。
〔第5学年及び第6学年〕
　　誠実に，明るい心で生活すること。

[節度，節制]
〔第1学年及び第2学年〕
　　健康や安全に気を付け，物や金銭を大切にし，身の回りを整え，わがままをしないで，規則正しい生活をすること。
〔第3学年及び第4学年〕
　　自分でできることは自分でやり，安全に気を付け，よく考えて行動し，節度のある生活をすること。
〔第5学年及び第6学年〕
　　安全に気を付けることや，生活習慣の大切さについて理解し，自分の生活を見直し，節度を守り節制に心掛けること。

[個性の伸長]
〔第1学年及び第2学年〕
　　自分の特徴に気付くこと。
〔第3学年及び第4学年〕
　　自分の特徴に気付き，長所を伸ばすこと。
〔第5学年及び第6学年〕
　　自分の特徴を知って，短所を

資料

改め長所を伸ばすこと。

[希望と勇気，努力と強い意志]

〔第1学年及び第2学年〕
　自分のやるべき勉強や仕事をしっかりと行うこと。

〔第3学年及び第4学年〕
　自分でやろうと決めた目標に向かって，強い意志をもち，粘り強くやり抜くこと。

〔第5学年及び第6学年〕
　より高い目標を立て，希望と勇気をもち，困難があってもくじけずに努力して物事をやり抜くこと。

[真理の探究]

〔第5学年及び第6学年〕
　真理を大切にし，物事を探究しようとする心をもつこと。

B　主として人との関わりに関すること

[親切，思いやり]

〔第1学年及び第2学年〕
　身近にいる人に温かい心で接し，親切にすること。

〔第3学年及び第4学年〕
　相手のことを思いやり，進んで親切にすること。

〔第5学年及び第6学年〕
　誰に対しても思いやりの心をもち，相手の立場に立って親切にすること。

[感謝]

〔第1学年及び第2学年〕
　家族など日頃世話になっている人々に感謝すること。

〔第3学年及び第4学年〕
　家族など生活を支えてくれている人々や現在の生活を築いてくれた高齢者に，尊敬と感謝の気持ちをもって接すること。

〔第5学年及び第6学年〕
　日々の生活が家族や過去からの多くの人々の支え合いや助け合いで成り立っていることに感謝し，それに応えること。

[礼儀]

〔第1学年及び第2学年〕
　気持ちのよい挨拶，言葉遣い，動作などに心掛けて，明るく接すること。

〔第3学年及び第4学年〕
　礼儀の大切さを知り，誰に対しても真心をもって接すること。

〔第5学年及び第6学年〕
　時と場をわきまえて，礼儀正しく真心をもって接すること。

[友情，信頼]

〔第1学年及び第2学年〕
　友達と仲よくし，助け合うこと。

〔第3学年及び第4学年〕
　友達と互いに理解し，信頼し，助け合うこと。

〔第5学年及び第6学年〕
　友達と互いに信頼し，学び合って友情を深め，異性についても理解しながら，人間関係を築いていくこと。

[相互理解，寛容]

〔第3学年及び第4学年〕
　自分の考えや意見を相手に伝

えるとともに，相手のことを理解し，自分と異なる意見も大切にすること。
〔第5学年及び第6学年〕
　自分の考えや意見を相手に伝えるとともに，謙虚な心をもち，広い心で自分と異なる意見や立場を尊重すること。

C　主として集団や社会との関わりに関すること

[規則の尊重]
〔第1学年及び第2学年〕
　約束やきまりを守り，みんなが使う物を大切にすること。
〔第3学年及び第4学年〕
　約束や社会のきまりの意義を理解し，それらを守ること。
〔第5学年及び第6学年〕
　法やきまりの意義を理解した上で進んでそれらを守り，自他の権利を大切にし，義務を果たすこと。

[公正，公平，社会正義]
〔第1学年及び第2学年〕
　自分の好き嫌いにとらわれないで接すること。
〔第3学年及び第4学年〕
　誰に対しても分け隔てをせず，公正，公平な態度で接すること。
〔第5学年及び第6学年〕
　誰に対しても差別をすることや偏見をもつことなく，公正，公平な態度で接し，正義の実現に努めること。

[勤労，公共の精神]
〔第1学年及び第2学年〕
　働くことのよさを知り，みんなのために働くこと。
〔第3学年及び第4学年〕
　働くことの大切さを知り，進んでみんなのために働くこと。
〔第5学年及び第6学年〕
　働くことや社会に奉仕することの充実感を味わうとともに，その意義を理解し，公共のために役に立つことをすること。

[家族愛，家庭生活の充実]
〔第1学年及び第2学年〕
　父母，祖父母を敬愛し，進んで家の手伝いなどをして，家族の役に立つこと。
〔第3学年及び第4学年〕
　父母，祖父母を敬愛し，家族みんなで協力し合って楽しい家庭をつくること。
〔第5学年及び第6学年〕
　父母，祖父母を敬愛し，家族の幸せを求めて，進んで役に立つことをすること。

[よりよい学校生活，集団生活の充実]
〔第1学年及び第2学年〕
　先生を敬愛し，学校の人々に親しんで，学級や学校の生活を楽しくすること。
〔第3学年及び第4学年〕
　先生や学校の人々を敬愛し，みんなで協力し合って楽しい学級や学校をつくること。
〔第5学年及び第6学年〕
　先生や学校の人々を敬愛し，

みんなで協力し合ってよりよい学級や学校をつくるとともに，様々な集団の中での自分の役割を自覚して集団生活の充実に努めること。

[伝統と文化の尊重，国や郷土を愛する態度]

〔第1学年及び第2学年〕
　我が国や郷土の文化と生活に親しみ，愛着をもつこと。
〔第3学年及び第4学年〕
　我が国や郷土の伝統と文化を大切にし，国や郷土を愛する心をもつこと。
〔第5学年及び第6学年〕
　我が国や郷土の伝統と文化を大切にし，先人の努力を知り，国や郷土を愛する心をもつこと。

[国際理解，国際親善]

〔第1学年及び第2学年〕
　他国の人々や文化に親しむこと。
〔第3学年及び第4学年〕
　他国の人々や文化に親しみ，関心をもつこと。
〔第5学年及び第6学年〕
　他国の人々や文化について理解し，日本人としての自覚をもって国際親善に努めること。

D　主として生命や自然，崇高なものとの関わりに関すること

[生命の尊さ]

〔第1学年及び第2学年〕
　生きることのすばらしさを知り，生命を大切にすること。
〔第3学年及び第4学年〕
　生命の尊さを知り，生命あるものを大切にすること。
〔第5学年及び第6学年〕
　生命が多くの生命のつながりの中にあるかけがえのないものであることを理解し，生命を尊重すること。

[自然愛護]

〔第1学年及び第2学年〕
　身近な自然に親しみ，動植物に優しい心で接すること。
〔第3学年及び第4学年〕
　自然のすばらしさや不思議さを感じ取り，自然や動植物を大切にすること。
〔第5学年及び第6学年〕
　自然の偉大さを知り，自然環境を大切にすること。

[感動，畏敬の念]

〔第1学年及び第2学年〕
　美しいものに触れ，すがすがしい心をもつこと。
〔第3学年及び第4学年〕
　美しいものや気高いものに感動する心をもつこと。
〔第5学年及び第6学年〕
　美しいものや気高いものに感動する心や人間の力を超えたものに対する畏敬の念をもつこと。

[よりよく生きる喜び]

〔第5学年及び第6学年〕
　よりよく生きようとする人間の強さや気高さを理解し，人間として生きる喜びを感じるこ

と。
第3 指導計画の作成と内容の取扱い
1 各学校においては，道徳教育の全体計画に基づき，各教科，外国語活動，総合的な学習の時間及び特別活動との関連を考慮しながら，道徳科の年間指導計画を作成するものとする。なお，作成に当たっては，第2に示す各学年段階の内容項目について，相当する各学年において全て取り上げることとする。その際，児童や学校の実態に応じ，2学年間を見通した重点的な指導や内容項目間の関連を密にした指導，一つの内容項目を複数の時間で扱う指導を取り入れるなどの工夫を行うものとする。
2 第2の内容の指導に当たっては，次の事項に配慮するものとする。
 (1) 校長や教頭などの参加，他の教師との協力的な指導などについて工夫し，道徳教育推進教師を中心とした指導体制を充実すること。
 (2) 道徳科が学校の教育活動全体を通じて行う道徳教育の要としての役割を果たすことができるよう，計画的・発展的な指導を行うこと。特に，各教科，外国語活動，総合的な学習の時間及び特別活動における道徳教育としては取り扱う機会が十分でない内容項目に関わる指導を補うことや，児童や学校の実態等を踏まえて指導をより一層深めること，内容項目の相互の関連を捉え直したり発展させたりすることに留意すること。
 (3) 児童が自ら道徳性を養う中で，自らを振り返って成長を実感したり，これからの課題や目標を見付けたりすることができるよう工夫すること。その際，道徳性を養うことの意義について，児童自らが考え，理解し，主体的に学習に取り組むことができるようにすること。
 (4) 児童が多様な感じ方や考え方に接する中で，考えを深め，判断し，表現する力などを育むことができるよう，自分の考えを基に話し合ったり書いたりするなどの言語活動を充実すること。
 (5) 児童の発達の段階や特性等を考慮し，指導のねらいに即して，問題解決的な学習，道徳的行為に関する体験的な学習等を適切に取り入れるなど，指導方法を工夫すること。その際，それらの活動を通じて学んだ内容の意義などについて考えることができるようにすること。また，特別活動等における多様な実践活動や体験活動も道徳科の授業に生かすようにすること。
 (6) 児童の発達の段階や特性等を考慮し，第2に示す内容との関連を踏まえつつ，情報モラルに関する指導を充実すること。また，児童の発達の段階や特性等

資料

を考慮し，例えば，社会の持続可能な発展などの現代的な課題の取扱いにも留意し，身近な社会的課題を自分との関係において考え，それらの解決に寄与しようとする意欲や態度を育てるよう努めること。なお，多様な見方や考え方のできる事柄について，特定の見方や考え方に偏った指導を行うことのないようにすること。

(7) 道徳科の授業を公開したり，授業の実施や地域教材の開発や活用などに家庭や地域の人々，各分野の専門家等の積極的な参加や協力を得たりするなど，家庭や地域社会との共通理解を深め，相互の連携を図ること。

3 教材については，次の事項に留意するものとする。

(1) 児童の発達の段階や特性，地域の実情等を考慮し，多様な教材の活用に努めること。特に，生命の尊厳，自然，伝統と文化，先人の伝記，スポーツ，情報化への対応等の現代的な課題などを題材とし，児童が問題意識をもって多面的・多角的に考えたり，感動を覚えたりするような充実した教材の開発や活用を行うこと。

(2) 教材については，教育基本法や学校教育法その他の法令に従い，次の観点に照らし適切と判断されるものであること。

　ア　児童の発達の段階に即し，ねらいを達成するのにふさわしいものであること。

　イ　人間尊重の精神にかなうものであって，悩みや葛藤等の心の揺れ，人間関係の理解等の課題も含め，児童が深く考えることができ，人間としてよりよく生きる喜びや勇気を与えられるものであること。

　ウ　多様な見方や考え方のできる事柄を取り扱う場合には，特定の見方や考え方に偏った取扱いがなされていないものであること。

4 児童の学習状況や道徳性に係る成長の様子を継続的に把握し，指導に生かすよう努める必要がある。ただし，数値などによる評価は行わないものとする。

編者・執筆者一覧

● 編　者
押谷由夫（武庫川女子大学教授）

● 編集協力者
七條正典（香川大学教授）	4章4節関係
日下哲也（香川県高松市立国分寺南部小学校校長）	4章4節関係
毛内嘉威（秋田公立美術大学教授）	4章6節関係

● 執筆者
押谷由夫（上掲）	1章1節, 2章, 3章, 5章
貝塚茂樹（武蔵野大学教授）	1章2節
西野真由美（国立教育政策研究所総括研究官）	1章3節
島　恒生（畿央大学教授）	4章1節
柳沼良太（岐阜大学大学院教育学研究科准教授）	4章2節
矢作信行（桐蔭横浜大学非常勤講師）	4章3節
前　裕美（香川県丸亀市立郡家小学校教諭）	4章4節1
鎌野珠緒（香川県高松市立林小学校教諭）	4章4節2
内山真弓（香川県高松市立栗林小学校指導教諭）	4章4節3
齋藤道子（東京都文京区立明化小学校副校長）	4章5節1
門脇大輔（兵庫教育大学附属小学校教諭）	4章5節2
彦阪聖子（大阪府堺市立西陶器小学校教諭）	4章5節3
木下美紀（福岡県福津市立上西郷小学校主幹教諭）	4章5節4
川村晃博（岩手大学教育学部附属小学校教諭）	4章6節1
岡松永祐（高知県香美市立舟入小学校教諭）	4章6節2

［掲載順／職名は執筆時現在］

●編著者プロフィール

押谷由夫（おしたに・よしお）
武庫川女子大学教授

広島大学大学院修了，博士（教育学）。高知女子大学助教授等を経て，文部省・文部科学省初等中等教育局教科調査官（道徳担当）として勤務。その後，昭和女子大学大学院教授を経て現職。放送大学客員教授，「小さな親切運動」本部・顧問，日本道徳教育学会会長。今日の道徳教育改革に関しては，文部科学省の「道徳教育の充実に関する懇談会」副座長，中央教育審議会道徳教育専門部会主査を務める。

平成29年改訂

小学校教育課程実践講座
特別の教科　道徳

2018年3月31日　第1刷発行

編　著　押谷由夫

発　行　株式会社ぎょうせい

〒136-8575　東京都江東区新木場1-18-11
電　話　編集　03-6892-6508
　　　　営業　03-6892-6666
フリーコール　0120-953-431
URL：https://gyosei.jp

〈検印省略〉

印刷　ぎょうせいデジタル株式会社
乱丁・落丁本は，送料小社負担にてお取り替えいたします。
©2018　Printed in Japan　禁無断転載・複製
ISBN978-4-324-10313-5（3100534-01-012）[略号：29小課程（道）]

平成29年改訂
小学校教育課程実践講座
全14巻

- ☑ 豊富な先行授業事例・指導案
- ☑ Q&Aで知りたい疑問を即解決！
- ☑ 信頼と充実の執筆陣

⇒学校現場の ❓ に即アプローチ！
明日からの授業づくりに直結!!

A5判・本文2色刷り・各巻220～240頁程度
セット定価(本体**25,200**円+税) 各巻定価(本体**1,800**円+税)
セット送料サービス　　　　　　　　　　各巻送料300円

巻構成　編者一覧

- ●**総 則** 天笠　茂（千葉大学特任教授）
- ●**国 語** 樺山敏郎（大妻女子大学准教授）
- ●**社 会** 北　俊夫（国士舘大学教授）
- ●**算 数** 齊藤一弥（高知県教育委員会学力向上総括専門官）
- ●**理 科** 日置光久（東京大学特任教授）
　　　　　田村正弘（東京都足立区立千寿小学校校長）
　　　　　川上真哉（東京大学特任研究員）
- ●**生 活** 朝倉　淳（広島大学教授）
- ●**音 楽** 宮下俊也（奈良教育大学教授・副学長・理事）
- ●**図画工作** 奥村高明（聖徳大学教授）
- ●**家 庭** 岡　陽子（佐賀大学大学院教授）
　　　　　鈴木明子（広島大学大学院教授）
- ●**体 育** 岡出美則（日本体育大学教授）
- ●**外国語活動・外国語** 菅　正隆（大阪樟蔭女子大学教授）
- ●**特別の教科 道徳** 押谷由夫（武庫川女子大学教授）
- ●**総合的な学習の時間** 田村　学（國學院大學教授）
- ●**特別活動** 有村久春（東京聖栄大学教授）

株式会社 ぎょうせい
フリーコール TEL：0120-953-431 [平日9～17時] FAX：0120-953-495
〒136-8575 東京都江東区新木場1-18-11
https://shop.gyosei.jp　ぎょうせいオンライン [検索]